Reihenhausgärten

Helmut Jantra

Reihenhausgärten

Planen · Anlegen · Pflegen

FALKEN

Zum Thema Garten sind im FALKEN Verlag u. a. folgende Titel erschienen: Blütenpracht aus winterharten Blumenzwiebeln (772); Mein kleiner Gartenteich (851); Ziergräser (829); Erfolgstips für den Ziergarten (930); Garten heute (4283)

CIP-Titelaufnahme der Deutschen Bibliothek

Jantra, Helmut:
Reihenhausgärten / Helmut Jantra. – Niedernhausen/Ts.:
FALKEN, 1989
(FALKEN Bücherei)
ISBN 3-8068-1016-8

ISBN 3 8068 1016 8

Titelbild: Erik Stegeman, Wiesbaden
Bildquellenverzeichnis:
Johannes Apel, Baden-Baden: 30, 68, 97
Gerhard Bambach, Geisenheim: 51 u.
Ingrid Gabriel, Wiesbaden Naurod: 11, 48 u., 50 o.
Martin Haberer, Nürtingen-Raidwangen: 50 u.
Mewaplast H, Wüster GmbH & Co. KG, Imst/Tirol: 15
Tierpension Eula/Ingeborg Polaschek, Linsengericht-Altenhaßlau: 25 M., 28, 36 r., 37
Reinhard-Tierfoto, Heiligkreuzsteinach-Eiterbach: 12, 18, 33, 35 u. l., 39, 41 o. r., 42 l., 43 o., 43 u., 44 o. l., 46 o. r., 47 u. l., 47 o. r., 49 o. l., 49 u. r., 50 M., 51 o., 51 M., 52 o. r., 52 u. r., 53 u. l., 53 r., 54 o., 54 M., 55 M., 55 u., 58, 59 o. l., 59 u. l., 59 u. r., 64, 74 o. l., 74 u. l., 77, 81, 82, 85, 101 o.
Siegfried Stein, Fachpressedienst, Vastorf: 64
Max F. Wetterwald, Offenburg: 3, 7, 9, 13, 32, 44 o. r., 47 o. l., 48 o., 49 u. l., 52 l., 54 u., 55 o., 56, 59 o. r., 61, 66 M., 88 o., 89, 93 o.
FALKEN Archiv/Studio Klaus J. Prior, Wiesbaden: 8, 16, 26, 29, 34 r., 36 l., 65, 66 o., 66 u., 67, 69, 70, 72, 73, 74 r., 76, 78, 80, 84, 88 u., 91 r., 92, 93 u., 94, 96, 98, 99, 100, 101 u., 102, 103 o. r.; Gerhard Rhön, Heusenstamm: 17, 40, 41 o. l., 41 u. r., 42 r., 43 M., 44 u., 45, 46 o. l., 46 u., 49 o. r., 53 o. l., 59 M. r.
Zeichnungen:
FALKEN Archiv/Regina Brendel, Aarbergen-Panrod (nach Vorlage von K. Werk; koloriert von H. Lünser): 25 u.; Gabriele Hampel, Kelkheim: 25 o., 27; Horst Lünser, Berlin: 10, 14, 21, 22, 23, 24, 34 l., 35 o., 35 u. r., 38, 57, 62; Erik Stegeman, Wiesbaden: 71, 75, 79, 83, 86, 87, 90, 91 l., 95, 99 l., 103 l., 103 u. r.

Satz: LibroSatz, Kriftel bei Frankfurt
Druck: Mairs Graphische Betriebe GmbH, Ostfildern (Kemnat)

817 2635 4453 6271

Inhaltsverzeichnis

Grün auf kleinstem Raum

Es waren vor allem soziale Gesichtspunkte, die dem Reihenhausbau zu Grunde lagen und diese Baueinheiten prägten. Auf möglichst wenig Raum sollte ein Maximum an Wohnfläche geschaffen werden – und die Kosten mußten niedrig liegen. In England entstanden derartige Siedlungen bereits im 19. Jahrhundert, man kann sie heute noch in den Industriestädten besichtigen. Der Forderung nach viel Raum auf beschränktem Platz wurde durch die vertikale Bauweise Rechnung getragen. Indem man die Wohneinheiten auf zwei Etagen übereinander anordnete, sparte man Bauland. Die Folge davon: Der Reihenhausgarten ist in der Regel relativ lang, aber sehr schmal. Er teilt sich diese Bedrängnis mit seinen Nachbarn zur Rechten und zur Linken; von den vielbegehrten, weil größeren Eckgrundstücken am Ende der Zeile abgesehen. Der Begriff »Handtuchgarten« muß in einem Reihenhaus erfunden worden sein, und die Schwierigkeiten, begleiten die Eigenheimbesitzer von Anbeginn bis heute.

Vorschriften und Beschränkungen

Zu den Problemen der Gestaltung und Bepflanzung kommen zwangsläufig noch weitere, die sich aus der Anlage und Bauweise herleiten: Auflagen durch die Gemeinde oder den Bauträger, Rücksichtnahmen auf den Nachbarn, Einhaltung der Bestimmungen des Nachbarrechts. Und es gibt Ärger, wenn man sich einer Eingrünung unterwerfen soll, die weder dem gesunden Menschenverstand, noch den örtlichen Gegebenheiten entspricht. So hatte eine deutsche Großstadt frisch gebackenen Reihenhausbesitzern zur Auflage gemacht, bestimmte einheimische Großbäume anzupflanzen, deren Maximalhöhe in ausgewachsenem Zustand bei 30 m lag. Der Architekt und die untere Naturschutzbehörde hatten sich darauf verständigt, und es bedurfte einiger Mühen der Bewohner, die Behörden von der Unsinnigkeit ihres Vorhabens zu überzeugen. Ein extremes Beispiel dafür, wohin der Drang nach Ökologie um jeden Preis führen kann, gewiß. Doch auch andere, mit Rücksicht auf Einheitlichkeit erlassene Bepflanzungsauflagen stoßen nicht immer auf die Gegenliebe der Betroffenen.

Weniger ist meist mehr

Auf der anderen Seite lesen sich die Wünsche mancher Reihenhausbesitzer an ihren künftigen Garten wie eine Liste aus Utopia. Im Bestreben, den vorgegebenen kargen Raum so gut als möglich und bis in den letzten Winkel auszunutzen, soll dort alles etabliert werden, was Gartenglück vollkommen macht: Sitzplatz mit Pergola, immergrünes Fassadenkleid, separate Grillnische mit Überdachung, Rosen, gepflasterte Wege, Blumeninseln im ganzen Garten, Rasen mit Wildblumenwiese, Schaukel und Sandkasten, Gartenhaus für Geräte, Gartenteich, Gemüsebeete, Obstbäume und Kompostplatz. Das Gesamtbild muß natürlich auch noch dem Charakter eines Naturgartens entsprechen und selbstverständlich pflegeleicht sein. Diese Aufzählung ist keineswegs nur ausgedacht worden, es gibt sie wirklich, und sie ist kein Ausnahmefall. Würde ein Gartenarchitekt damit konfrontiert, könnte man hoffen, daß er derartige Wünsche auf das Machbare reduziert und nach dem Grundsatz, weniger ist mehr, an die Planung herangeht. Macht der Gartenbesitzer alles selber – und das wird oft schon aus Kostengründen der Fall sein –, ist er ziemlich alleingelassen. Von Baumschulen oder Gartenbaubetrieben kann man nicht unbedingt Zurückhaltung bei der Pflanzenauswahl und Gestaltung erwarten, und der Neuling merkt dann erst nach einigen Jahren, wie teuer ihn die ganze Sache unterm Strich gekommen ist. Denn Gehölze, ob Strauch oder Baum, bleiben nicht so bescheiden klein, wie man sie im Jugendstadium gekauft hat; der ohnedies schmale Gartenraum wird immer enger.

Garten heute – der Garten von morgen?

Vor der Anlage des Reihenhausgartens – eigentlich jeden Gartens – sollte die Überlegung stehen, wie er genutzt werden soll, was man von ihm erwartet und welchen persönlichen Neigungen er zu entsprechen hat. Eine junge Familie mit Kindern muß anders planen als ein alleinstehendes Ehepaar, der passionierte Naturfreund wird sich im Grünen nicht so einrichten wie ein Lebenskünstler. Doch wie auch immer die Gestaltung aussehen mag, man sollte nicht für den Tag, sondern auch ein bißchen in die Zukunft planen.

Der Garten selbst zeigt durch seinen allmählichen Wandel an, daß die Zeit alles Lebendige prägt und verändert. Wir können uns das zunutze machen, indem wir durch verhaltene Eingriffe das Bild nach unseren Wünschen mitgestalten – sofern von Anfang an die Möglichkeit für derartige Korrekturen offen gehalten und auch genutzt wird.

Die Anlage eines Gartens erfordert eine sorgfältige Planung. Oft werden zu viele Pflanzen gesetzt – nach einigen Jahren behindern sie sich gegenseitig im Wachstum und müssen wieder entfernt werden

Nach ein paar Jahren hat sich der Pflanzenbestand geschlossen

Gemeinschaftsgärten

Leichter hätte man es mit einem Gemeinschaftsgarten, wenn also zwei nebeneinander liegende Grundstücke von den beiden Besitzern zusammen gestaltet würden. Die zur Verfügung stehende Fläche wäre doppelt so groß, wir hätten es nicht mehr mit einem schmalen Streifen zu tun, und es gäbe ausreichend Platz, mit allen Gestaltungselementen und Pflanzungen großzügiger umzugehen. Gemeinsam planen und ausführen heißt aber auch, gemeinsam nutzen, heißt Rücksicht aufeinander nehmen, heißt Eigentum teilen. Hier sind Fußangeln ausgelegt, in denen man sich nur allzu schnell verfangen kann. Das anfängliche Einvernehmen ist durch die kleinen Alltäglichkeiten gefährdet, an die zu Beginn der gemeinsamen Nutzung kaum jemand denkt. Der Zustand wird vollends unerträglich und eskaliert, weil sich die zerstrittenen Nachbarn zwangsläufig ständig im Garten treffen und keine Rückzugsmöglichkeiten mehr haben; das gutnachbarliche Verhältnis ist zerstört.
Das heißt nicht, daß Zusammenleben immer zu derartigen Zwistigkeiten führen muß, aber die Erfahrung kann eine solche unerfreuliche Entwicklung auch nicht ausschließen. Deshalb sind die häufig zu hörenden Empfehlungen für Reihenhausbesitzer, in Sachen Garten mit dem Nachbarn gemeinsame Sache zu machen, zwar gut gemeint und als Lösung von Gestaltungsproblemen durchaus akzeptabel, aber andererseits oft auch problematisch. Die menschliche Neigung zur Individualität wird hier oft zu gering eingeschätzt.

Ein Gemeinschaftsgarten bietet mehr Gestaltungsmöglichkeiten

Planung – der erste Schritt zum Erfolg

Licht und Schatten

Bevor man darangeht, sein neu erworbenes Grundstück zu planen, den Garten in einzelne Bereiche einzuteilen und Pflanzenlisten aufzustellen, muß man sich im wortwörtlichen Sinn über die Licht- und Schattenseiten im klaren sein, das heißt feststellen, welche Partien wieviel und wann am Tag Sonne abbekommen. Schatten kann man sich selber schaffen, die Sonne läßt sich nicht herbeizwingen. Wenn wir – ein hypothetischer Fall – davon ausgehen, daß der künftige Garten einen kleinen Teich beherbergen soll, und außer einigen Blütensträuchern und Staudenrabatten ein Stück Rasen ebenso wie ein Gemüseteil vorgesehen sind, gehört das Wasser in die volle Sonne, Gemüse und Kräuter folgen im Lichtbedarf gleich nach. Stauden und Rasen dagegen halten es ein paar Stunden am Tag auch in leichter Beschattung aus, und es gibt genügend Gehölze, die man auch an weniger geeignete Plätze pflanzen kann. Nur Rosen, die Sonnenkinder, passen leider nicht an den Teich.
Die jeweiligen Lichtverhältnisse wirken also bei der Gartenplanung mit. Dieses Diktat kann die Sache leichter, aber auch schwerer machen – je nachdem, wieweit man bereit ist, die Wünsche den Verhältnissen anzupassen und flexibel zu

Auch ein schattiger Garten hat seine Reize

sein. Außerdem sind die schon erwähnten Bepflanzungs- und Bebauungsauflagen von seiten der Gemeinde zu berücksichtigen; feste Größen, bei denen es kein Wenn und Aber gibt. Drittens schränkt das Nachbarrecht – oder die Rücksichtnahme – manchen gestalterischen Höhenflug ein.
Ob man diese Überlegungen an den Anfang stellt und sich erst danach an die Vorarbeiten der Anlage macht oder zunächst reinen Tisch schafft, das heißt den Gartenboden in einen pflanzenverträglichen Zustand versetzt und planiert, ist Temperamentssache. Will man Höhenunterschiede modellieren, steht freilich die Planung am Anfang.

Der Boden – das Bett

Das ist nicht nur ein Wortspiel, sondern trifft ziemlich genau den Kern der Sache. Bodenvorbereitung sollte in einem Neubaugarten nicht auf die leichte Schulter genommen werden, obgleich es sich dabei häufig um Schwerstarbeit handelt. Doch Bequemlichkeit oder Nachlässigkeit an dieser Stelle wirken sich später verheerend aus, können einem über die Jahre hinweg die Freude am eigenen Garten verleiden und sind nur durch nachträgliche, oft teure Korrekturen wieder gut zu machen.
Nun bereitet es heute keine allzugroßen Schwierigkeiten, einen Boden durch verschiedene Zusätze in den gewünschten lockeren und wasserdurchlässigen Zustand zu bringen, durch Untermischen von organischem Material fruchtbar zu machen, zu kalkhaltiges oder zu saures Erdreich in einen für die Pflanzen verträglichen Zustand zu bringen. Gerade auf Neubaugrundstücken, auf denen schwere Baumaschinen tagelang ihre Runden drehten, liegen die Probleme jedoch buchstäblich tiefer, in den unteren Bodenschichten nämlich, die durch den auf ihnen lastenden Druck zusammengepreßt und verdichtet wurden.
Läßt man es dabei bewenden, indem man alles mit sogenanntem Mutterboden, also – hoffentlich – fruchtbarer Erde zudeckt, befindet sich das

Rigolen: Zuerst wird ein Graben – spatentief und spatenbreit – ausgehoben. Die abgetragene Erde legt man ab. Sie wird zum Füllen des letzten Grabens benötigt

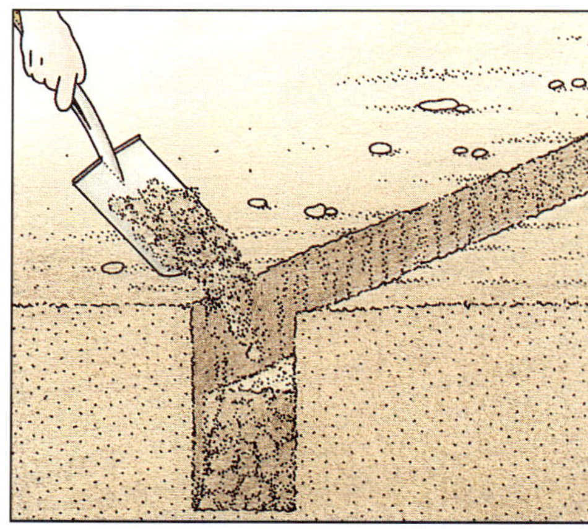

Der Untergrund des ersten Grabens wird nun spatentief gelockert

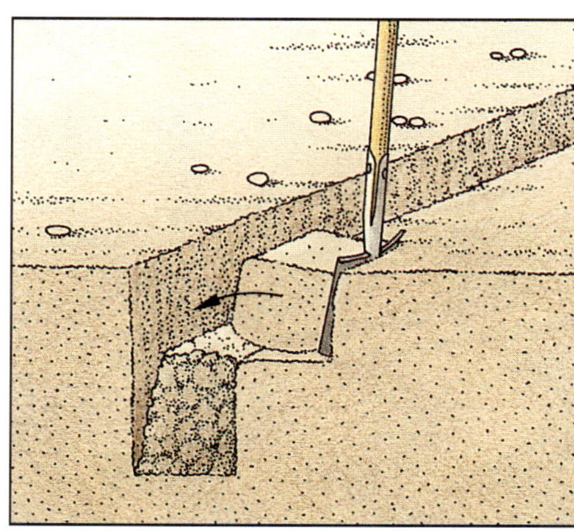

Den Aushub der nächsten Reihe legt man auf dem ersten Graben ab und lockert den Untergrund

Grundübel lediglich unter einem weichen Ruhekissen. Die Pflanzen haben die oberste Schicht mit ihren Wurzeln schnell durchstoßen, danach gibt es für sie kein Fortkommen mehr, weil der zusammengedrückte, verfestigte Unterboden jedes Weiterwachsen verhindert. Ebenso wenig findet das Wasser einen Abfluß, es sammelt sich im Bereich der Wurzeln, die mangels Sauerstoff zu faulen beginnen. Unter solchen Verhältnissen können dann allenfalls einige Sumpfpflanzen überleben.

Der Unterboden muß also tiefgründig gelockert, wenn nötig aufgebrochen werden. Ob man dabei einen oder zwei Spatenstiche tief umgräbt, hängt ganz vom Zustand der Erdschicht ab. Doppelt so tief graben wie das Spatenblatt lang ist, nennt man in der Fachsprache rigolen, eine schweißtreibende Knochenarbeit.

Zunächst hebt man den ersten Graben aus, einen Spatenstich tief und etwa ebenso breit. Der Aushub kommt auf eine Schubkarre und wird am Ende des zu bearbeitenden Stücks abgelegt. Es empfiehlt sich, nach und nach immer nur überschaubare kleine Parzellen in dieser Weise zu bearbeiten. Die Grubensohle gräbt man nun ebenfalls um oder lockert sie, je nach Verdichtungsstärke, mit der Grabegabel zinkentief auf. Mit dem Aushub der nächsten Reihe wird die erste geschlossen, dann der Grund der Furche Nr. 2 gelockert und die folgende in Angriff genommen. Die letzte Reihe füllt man mit der abtransportierten Erde der ersten auf. Wem das zu mühevoll ist oder wem die Zeit für diese aufwendige Bodenbearbeitung fehlt, sollte einen Gartenbaubetrieb damit beauftragen. Es gibt heute Kleinbagger, die auch auf beengtem Raum eingesetzt werden können und mit ihrer Schaufel die notwendige Tiefe erreichen. Eine oberflächliche Bearbeitung mit einer Motorhacke oder gar -fräse bringt nichts.

Gründüngung für Geduldige

Erst nach einer tiefgründigen Bodenlockerung wird der Mutterboden aufgetragen, den man ebenfalls über einen Gartenbaubetrieb oder die Gemeinde erhält. Wer bereit ist, eine Vegetationsperiode zu opfern, ist gut beraten, wenn er vor der endgültigen Gestaltung die gesamte Fläche mit Gründüngungspflanzen einsät. Sie lockern durch ihre teilweise tief in den Untergrund reichenden und, sofern Schmetterlingsblütler (Leguminosen) darunter sind, stickstoffsammelnden Wurzeln den Boden auf und düngen ihn gleichzeitig.

Bevor sie in Blüte gehen, werden die Pflanzen abgemäht oder untergegraben, wobei die Wurzeln nicht entfernt zu werden brauchen. Sie verrotten ebenfalls. Bei Aussaaten im späten Sommer ist gar nichts weiter zu tun, der Frost übernimmt den Rest und zerstört den Bewuchs, der bis zum Frühjahr so weit angerottet ist, daß man ihn als organische, das Bodenleben fördernde Masse im Frühling nur leicht einarbeitet. Bei einer Untersuchung wurden die Gründüngungspflanzen Ölrettich (bis zu 1,50 m lange Tiefenwurzeln), Chinakohl (Rübsen), Gelbsenf und Bienenfreund (Phacelia) auf ihre Eignung überprüft. Auf 100 m² Fläche ergaben sich folgende Erträge:

Gelbsenf

Bienenfreund

Pflanze	**Grünmasse (in kg) bei Aussaat**			**Wurzelmasse (in kg) bei Aussaat**		
	Mitte bis Ende Juli	Mitte August	Anfang September	Mitte bis Ende Juli	Mitte August	Anfang September
Ölrettich	480	380	180	18	16	9
Rübsen	200	245	230	26	16	11
Gelbsenf	240	285	220	16	10	6
Bienenfreund	425	380	270	14	9	7

Gemüse – geht das?

Im Zusammenhang mit dem Reihenhausgarten, dem schon erwähnten »Handtuch«, hat diese Frage durchaus Berechtigung. Sie läßt sich aber nicht grundsätzlich mit Ja oder Nein beantworten. Natürlich wird man nicht die gesamte Fläche zu einem puren Nutzgarten mit Beetzeilen machen wollen. Und da der Blick von der Terrasse auf Zwiebeln und Radieschen auch nicht gerade das ist, wonach das Auge sich sehnt, muß man seine Gemüsebeete im rückwärtigen Gartenteil plazieren und durch Vorpflanzungen oder Baulichkeiten etwas verstecken.

Zumindest kann man eine optische Abgrenzung schaffen, die den Nutz- vom Zierbereich trennt. Hier könnte der altbekannte Buchs unserer Bauerngärten wieder zur Geltung kommen. Er läßt sich schneiden, wie man ihn haben will, kann höher oder auch ganz niedrig gehalten werden und ist zudem auch noch immergrün. Natürlich ist eine andere niedrige Hecke als Raumteiler ebenfalls möglich, wobei darunter durchaus auch ungeschnittene Blütensträucher zu verstehen sind. Höhere, ausladende Gehölze eignen sich hier wegen ihrer möglichen Schattenwirkung weniger – Gemüse braucht Sonne.

Bei der Wahl der anzubauenden Arten muß davon ausgegangen werden, daß damit niemals eine Selbstversorgung erreicht werden kann. Wer Gemüse anbauen will, kann zwei oder drei Beete anlegen, die zur Bereicherung des Speisezettels beitragen. Man wird also Wert auf Frischkost wie Radieschen, Rettiche und verschiedene Salate legen. Pflanzen, die eine kurze Kulturzeit haben und das ganze Sommerhalbjahr über in Folgesätzen angebaut werden können. Auch Fruchtgemüse wie Tomaten und Freilandgurken kämen in Frage, für die Ernte im Spätsommer und Herbst Spinat und Feldsalat.

Blumen- und Gemüsegarten

Mit Kräutern, die heute eigentlich auch im kleinsten Garten nicht fehlen sollten, hat man weniger Schwierigkeiten. Sie benötigen kein Extrabeet, sondern lassen sich überall dort ziehen, wo ein Sonnenplätzchen zur Verfügung steht. Das kann am Rand einer Blumenrabatte, entlang eines Wegs oder direkt an der Terrasse der Fall sein. Im übrigen wird sich zum Beispiel für Schnittlauch, Petersilie und Dill auch zwischen dem Gemüse ein Platz finden lassen.

Kräuter und Blumen

Hochbeet

Für Kräuter sowie vor allem Gemüse bietet sich am Reihenhaus das Hochbeet als Alternative zum flächendeckenden Nutzgarten nicht zuletzt deshalb an, weil es sich hier am wenigsten störend integrieren läßt. Wird als Umrandung Holz gewählt – Rundhölzer, Bohlen, Eisenbahnschwellen beispielsweise – und ist zudem auch im übrigen Garten Holz verwendet worden, fällt das Hochbeet kaum noch aus dem Rahmen. Die größte Schwierigkeit dürfte in der Materialbeschaffung für den Aufbau liegen. Denn hierfür braucht man grobe und feine pflanzliche Abfälle aus dem Garten: Äste und Zweige, Laub, Grassoden und Grasschnitt, nicht samentragende Unkräuter vom Jäten, Ernterückstände usw. Vielleicht helfen Stadtgärtnereien, Gartenbauämter und Nachbarn bei der Beschaffung. Nachdem eine rechteckige, etwa 50 cm tiefe Grube von Beetbreite (1,20 m) und beliebiger Länge ausgehoben und die ungefähr 1,70 m hohe Umrandung fertiggestellt ist, schichtet man das Material, das Gröbste zuunterst, ein. Dazwischen werden immer wieder ein paar Schaufeln Erde gegeben. Zuletzt wird das Ganze mit einer zirka 20 cm dicken Schicht Gartenbodens abgedeckt. Im Innern des Beets setzt nun der Verrottungsprozeß ein, bei dem sich gleichzeitig Wärme entwickelt, die dem Pflanzenwachstum förderlich ist. Im Grunde genommen handelt es sich beim Hochbeet um nichts anderes als einen von einer Umrandung eingefaßten und bepflanzten Komposthaufen. Je nach Größe läßt sich auf zwei Konstruktionen dieser Art eine ganze Menge anbauen, wobei die höheren Gewächse zur Mitte hin angeordnet werden, die niedrigen im Randbereich Platz finden. Beim Säen, Pflanzen und Ernten braucht man sich nun nicht mehr zu bücken.

Der Kompost hat im kleinsten Garten Platz

Im üblichen Hausgarten ist der Komposthaufen heutzutage kaum mehr ein Diskussionsgegenstand. Was im Garten und in der Küche an Abfällen anfällt, kommt auf die Rotte und wird als fruchtbare Erde und natürlicher Dünger dem Boden wieder zurückgegeben. Man muß also ein kleines Opfer bringen und eine Ecke für die biologische Düngerfabrik reservieren.
Wer sich etwas eingehender mit der segensreichen Wirkung von Kompost auf den gesamten Anbau befaßt hat, dem dürfte dieser Entschluß etwas weniger schwer fallen als dem blutigen Neuling, der dem Lob mangels Erfahrung sowieso nicht recht traut. Diese Zurückhaltung besteht zu Unrecht. Außerdem ist es keineswegs notwendig, die Kompostwirtschaft zu perfektionieren und auf die Spitze zu treiben.
Zum besseren Verständnis einige Worte zum Ablauf. Wir alle wissen, daß organische Stoffe eines Tages wieder zu Erde werden – je nach Beschaffenheit schneller oder langsamer.
Verantwortlich für diese Umwandlungen sind Bakterien und andere Kleinstlebewesen, Pilze und Mikroorganismen, die man unter dem Sammelbegriff Bestandsabfallzersetzer zusammenfaßt. Aber auch höher organisierte Lebewesen wie Asseln, Tausendfüßler, Springschwänze und schließlich die Regenwürmer gehören dazu. Sie tun bildlich gesprochen nichts anderes, als organisches Material zu verdauen, wobei sich eine Stoffumwandlung vollzieht. Das Endprodukt

sind Nährelemente, die von den Pflanzenwurzeln aufgenommen werden und dafür sorgen, daß das Gewächs nicht verhungert.
Nun brauchen die Lebewesen im Kompost außer der überreichlich vorhandenen Nahrung für ihre Existenz noch etwas mehr, nämlich Sauerstoff und Feuchtigkeit. Daraus folgt: Der Kompost muß so locker aufgeschichtet sein, daß stets auch Luft Zutritt zu den Schichten hat, und er darf nicht in praller Sonne liegen. Bei Sauerstoffmangel kommt eine andere Lebensform, nämlich die Fäulnisbakterien, zum Zuge, der Haufen fängt an zu stinken und ist unbrauchbar.
Das zu wissen ist gerade bei dicht beieinander liegenden Reihenhausgärten wichtig: Eine sachgemäß aufgebaute Rotte schafft keinerlei Geruchsbelästigungen, sie riecht nach frischer Walderde, und auch während des Zersetzungsvorgangs entstehen keine unangenehmen »Düfte«. Erwärmt sich der Kompost durch direkte Sonneneinstrahlung zu stark, gehen die Kleinstlebewesen aus Feuchtigkeitsmangel zugrunde oder stellen ihre Tätigkeit ein, das Material vertrocknet. Wir müssen uns im Garten für die Rotte also einen etwas beschatteten Platz aussuchen oder durch entsprechende Vorpflanzungen für Schatten sorgen, bei hochsommerlicher Hitze eventuell ein paar Gießkannen Wasser darüber entleeren und beim Aufschichten der Materialien dafür sorgen, daß sie locker zu liegen kommen. Das geschieht automatisch, wenn man die Abfälle mischt, also zu Resten aus dem Kücheneimer Grünzeug aus dem Garten gibt, kurzgeschnittene Äste, Laub im Herbst usw. Auch das beim Rasenmähen anfallende Schnittgut gehört auf den Kompost; bei großen Mengen sollte man das Material ein paar Stunden ausgebreitet liegen lassen, damit es nicht zusammenpappt und in Fäulnis übergeht.
Grundsätzlich verrottet alles außer Steinen, Mörtel, Gips, Gummi, Kunststoff, Glas und Porzellan. Abfälle von sichtbar kranken Gartengewächsen gibt man vorsichtshalber in den Hausmüll, ebenso Knochen, Fleisch- und Wurstreste, die leicht in Fäulnis übergehen, bevor sie verrotten können, und außerdem Haustiere, Ratten und Mäuse anlocken.

Das Hochbeet: Für die unterste, im Boden liegende Schicht verwendet man groben Gehölzschnitt. Dieses Material verrottet nur sehr langsam und liefert lange Zeit Wärme. Darauf kommt eine Schicht Erde und eine Lage Grobkompost. Abgedeckt wird mit Kompost oder mit organischem Dünger vermischte Erde

Kompostbehälter

Während man früher der freistehenden Kompostmiete, auch wenn sie klein gehalten wurde, einige Quadratmeter Garten einräumen mußte, kann man die vorgefertigten Silos, Tonnen und vielfältigen anderen Konstruktionen, die der Handel anbietet, platzsparend aufstellen.
Wenn nichts falsch gemacht wurde, kann das Material bereits nach einem halben bis einem Jahr oberflächig, das heißt nur ganz flach eingeharkt, im Garten ausgebracht werden. Die restliche Verrottung, sofern sie noch nicht abgeschlossen war, erfolgt dann an Ort und Stelle. Dieser Rohkompost eignet sich auch gut als Mulchdecke zwischen Gemüsereihen, unter Sträuchern und auf Blumenrabatten. Im Herbst läßt sie sich flächig über abgeerntete Beete breiten. Hat man das, zusammen mit organischer Bodendüngung, einige Jahre lang praktiziert, ist es eines Tages so weit, daß man den Spaten beiseite stellen kann und die lockere Erde im Frühjahr nur noch etwas aufzuhacken braucht.

Die Terrasse – ein Zimmer im Grünen

Sie spielt beim Reihenhaus einen weitaus wichtigeren Part als im Eigenheim mit geräumigem Gartenanteil. Gewiß, je größer die Terrasse, desto kleiner wird der Garten. Aber das muß nicht so sein, wenn man die Freifläche unmittelbar am Haus als Teil des umgebenden Grüns betrachtet und sie entsprechend gestaltet.
Verläuft die Terrasse ebenerdig und wird eine Abgrenzung zum Garten hin gewünscht, kann man den Sitzbereich mit einer niedrigen, immergrünen Formhecke enden lassen. Höhere lebende oder tote Einfriedungen sind nicht empfehlenswert, weil man sich damit selber den Blick ins Grüne verstellt. Bei einer Hangterrasse läßt sich der geringfügige Höhenunterschied zum Gartenniveau durch Stufen überbrücken, die seitlich mit Bodendeckern, Blumen oder Kleinstauden eingefaßt werden können.
Sogar ein Miniteich auf der Terrasse selbst oder unmittelbar an sie anschließend ist möglich. In diesem Randbereich kann eine etwas größere Wasserfläche mit einigen Schwimmgewächsen und einer sparsamen Randbepflanzung außerordentlich attraktiv wirken. Ein Quellstein, von leise plätscherndem Wasser überrieselt, belebt und beruhigt gleichermaßen. Oder man wählt hier den Platz für einen kleinbleibenden Obstbaum aus. Eine Apfelspindel, eine Sauerkirsche sind bescheiden in den Raumansprüchen, nehmen es aber im Frühling mit nahezu jedem anderen Blütengehölz auf und lassen sich später ohne Mühe abernten. Unter Verzicht auf Fruchterträge sind Japanische Zierkirschen im Frühling mit weißen oder roten Blüten überschüttet, und viele andere Prunus-Arten tun es ihnen gleich. Wichtig für die Terrasse ist ein grünender, blühender Rahmen in Bodennähe beziehungsweise Augenhöhe oder auf beiden Ebenen.

Der Vorgarten – die Visitenkarte

Wenn man den Idealvorstellungen der Gartenarchitekten folgt, dann sollte der Vorgarten die Einleitung zum Hauptgarten sein, das heißt, beide sollten eine nur durch das Haus unterbrochene Einheit bilden. Nun geht es hier nicht um den Realitätssinn oder die Wirklichkeitsferne mancher Gartenplaner, sondern einfach um die Tatsache, daß der Vorgarten am Reihenhaus Gestaltungsphantasien meist nicht viel Raum läßt.
Andererseits läßt sich der Vorgarten am Reihenhaus nicht über einen Leisten schlagen, es gibt genügend Beispiele dafür, daß eine ansprechende Bepflanzung und Gestaltung möglich sind.

Ein blühender Vorgarten lädt ein

Immer aber sollte man gerade vor dem Haus versuchen, dem Begriff »pflegeleicht« Rechnung zu tragen. Denn der Vorgarten, ob groß oder klein, ist die Visitenkarte der Bewohner.

Rasen für sich allein wirkt hier wie anderswo langweilig. Das ändert sich, wenn man einen Findling draufsetzt, ein immergrünes Kleingehölz, oder wenn das Grün durch eine Blumenrabatte aufgelockert wird.

An immergrünen Sträuchern käme die große Gruppe der Berberitzen in Frage, die je nach Sorte im Frühling Blüten der verschiedensten Gelbtönungen hervorbringen und Sonne wie Halbschatten gleich gut vertragen. In gleicher Lage fühlt sich auch der Spierstrauch *(Spiraea)* mit weißen Blüten im Mai/Juni wohl, der allerdings im Herbst seine Blätter abwirft. Einzelne Sorten erfreuen jedoch vorher noch durch buntes Laub. Zu den Frühjahrsblühern, die Halbschatten vertragen, gehören außerdem die Zierquitten *(Choenomeles)*, leuchtend rot im Flor. Volle Sonne dagegen braucht der Schmetterlingsstrauch *Buddleja crispa* ›Farreri‹. Seine langen, überhängenden Zweige schmücken sich im August mit einem überreichen Flor von lilafarbenen Blüten.

Irgend etwas sollte im Vorgarten immer ins Auge fallen, ob als Einzelexemplar oder als Pflanzengruppe. Deshalb ist die Auswahl, bei der auch frühlingsblühende Zwiebelblumen nicht zu fehlen brauchen, hier besonders wichtig. Nicht übersehen sollte man die Gestaltungsmöglichkeiten durch Kletterpflanzen, gerade im Bereich des Hauseingangs und der Straßenfront. Man kann sie an einem Gestell bogig den Eingang überspannen lassen. *Clematis*-Hybriden mit großen Blüten oder **Clematis montana** mit rosaweißen Sternen bieten sich hier an. Die Kletterhortensie, *Hydrangea anomala ssp. petiolaris,* entfaltet ihre weißen Blütenschirme im Sommer, wenn sie halbschattig bis schattig steht, und für eine Sonnenseite käme mit bläulichen, bis zu 30 cm langen Blütentrauben die Wistarie oder Glyzinie, *Wisteria sinensis,* in Frage. Vom altbekannten Efeu *(Hedera),* der wiederum am besten im Schatten wächst, und dem eher auf Sonne fixierten Wilden Wein, *Parthenocissus,* ganz zu schweigen. Auf Kletterpflanzen wird in einem späteren Kapitel näher eingegangen.

Ein Wort noch zu kleinbleibenden Nadelgehölzen im Reihenhaus-Vorgarten. Man sollte sie nicht generell und von vornherein ablehnen, nur weil Gartengestalter und Naturgärtner Einwände dagegen haben. Mit *Juniperus-Chinensis*-Hybriden der niederliegenden Formen mit weit ausladenden Zweigen und häufig goldgelber Benadelung, läßt sich alleine schon ein ganzer Vorgartenbereich abdecken. Diese Wacholder vertragen Schatten, sind völlig anspruchslos und industriefest. Ähnliche Wuchseigenschaften haben die Kulturarten des Sadebaums, *Juniperus sabina,* deren Nadeln hell- bis blaugrün sind. Kleinbleibende Baumgestalten mit gedrungenem Wuchs finden sich bei Fichte *(Picea)* und Kiefer *(Pinus),* während die Scheinzypresse *(Chamaecyparis)* zwar auch Sorten von nur 0,50 m Höhe präsentiert, jedoch schmäler wächst.

Sofern die Größe es zuläßt, kann man vor dem Haus fast alle Gestaltungselemente in abgewandelter Form verwenden, die sonst in weiträumigeren Anlagen ihren Platz haben: ein Steingärtchen, ein kleines Stück niedrige Trockenmauer, einen Troggarten, einen Rosenbogen für eine Kletterrose – immer vorausgesetzt, die Pflanzen bekommen hier an Sonne, was sie brauchen. Ein Ziergras als großes Exemplar in Einzelstellung, zum Beispiel Bambus oder Pampasgras, ist ebenso möglich wie niedrige, bodendeckende Polster oder eine Partie rotblühender Heide *(Calluna).* Angesichts der vielfältigen Möglichkeiten sollte man sich freilich davor hüten, den Vorgarten zu überfrachten.

Gestaltung – worauf es ankommt

Ob man den Reihenhausgarten als Einheit sehen und nutzen will oder ob er in Räume, eventuell mit unterschiedlicher Zweckbestimmung, unterteilt wird, hängt einzig von den Vorstellungen und nicht zuletzt den Familienverhältnissen des Eigentümers ab. Zu den Überlegungen hinsichtlich der Nutzungsart kommen Geschmacksfragen und individuelle Wünsche. Die Reihenhausgärten auf der Bundesgartenschau 1989 in Frankfurt zeigen auf, was möglich ist und wie man sich gestalterisch den unterschiedlichen Situationen und Erfordernissen anpassen kann. Auch in diesem Buch können nur Möglichkeiten zusammengetragen und Lösungen angedeutet werden; die Entscheidung für dieses oder jenes fällt vor Ort.

Abgrenzung zum Nachbarn

Wenn man sich zum Nebengrundstück durch eine Einfriedung, gleich welcher Art, abgrenzt, hat das mehr einen psychologischen denn einen schützenden Effekt. Da man sich also nicht um eine »einbruchsichere« Abschirmung bemühen muß, ist man in der Wahl des Einfriedungsmaterials ziemlich flexibel. Daß man sich dabei nicht hinter meterhohen Mauern verschanzen wird, versteht sich von selbst; das Vorhaben würde auch an den Bauvorschriften scheitern. Es bleiben also Zäune und Hecken als Abgrenzungsmöglichkeiten übrig.

Hecken

Geeignet sind immergrüne Laubgehölze, die sich durch Schnitt in Form bringen und halten lassen. Für freiwachsende Blütenhecken als Zaunersatz ist im Reihenhausgarten kaum genügend Platz. Wenn Sträucher dieser Art ihrer Aufgabe als begrenzende Abschirmung gerecht werden sollen, muß man sie zu dichten und damit zwangsläufig relativ großen und breiten Büschen heranwachsen lassen, damit aber auch in Kauf neh-

Hecke aus Pyracantha

men, daß es seine Zeit dauert, bis dieses Ziel erreicht ist. Schnittverträgliche Immergrüne dagegen können ganzjährig in der gewünschten Form und Höhe gehalten werden, lassen sich relativ dicht pflanzen und geben einen guten Sichtschutz ab.

Als winterharte Immergrüne kommen zu allererst Arten von Berberitze *(Berberis)* und Buchsbaum *(Buxus)* in Frage. Von Berberis gibt es Arten und Sorten, die zwischen 0,5 und 1 m hoch beziehungsweise auf dieser Höhe gehalten werden können, teilweise eine schöne Herbstfärbung haben und blaue oder rote Früchte ausbilden. Außerdem sind Berberitzen wenig lichtbedürftig und halten es gut im Halbschatten, *Berberis buxifolia* ›Nana‹ und *B. julianae* sogar im Vollschatten aus. *B. thunbergii* mit Sorten sind beliebte Einfassungspflanzen, jedoch nicht immergrün.

Möglicherweise noch robuster und gleichfalls schattenverträglich, außerdem mit einem geringen Bedarf an Bodenfeuchte, ist *Buxus. B. sempervirens* ›Nana‹, die nur etwa 0,5 m hoch wird. *Ilex,* die Stechpalme, wächst mit den teilweise buntlaubigen Sorten der Art *I. aquifolium* bis zu 2 m hoch, kann durch Schnitt aber auch kürzer gehalten werden. Das trifft ebenfalls für die Sorten von *I. crenata* mit besonders kleinen, zierlichen Blättern zu. Die leuchtend roten, orangefarbenen oder weißen, giftigen Beeren werden nur gebildet, wenn man ein Pärchen pflanzt. Stechpalmen wollen schattig stehen.

Unter den Heckenkirschen *(Lonicera)* sind die Arten *L. nitida* und *L. pileata* immergrün, die zuletzt genannte wird allerdings kaum höher als einen halben Meter; beide sind in sehr strengen Wintern nicht ausreichend frosthart. Das gleiche gilt für die Arten und Sorten des Feuerdorns *(Pyracantha),* von dem fälschlicherweise immer angenommen wird, er wäre unverwüstlich. Bei der Lorbeerkirsche *(Prunus laurocerasus)* sind die Sorten ›Otto Luyhen‹ und ›Herbergii‹ als robuste Pflanzen für etwas beschattete Plätze geeignet. Bei den Nadelgehölzen wäre zuerst der Lebensbaum *(Thuja)* als Schnittheckenpflanze zu nennen. Allerdings ist *T. occidentalis* heute in den Gärten so häufig anzutreffen, daß man sich nur

Thuja-Hecke

schwer zu einer weiteren Anpflanzung entschließt. Über die Winterhärte von *x Cupressocyparis leylandii),* der Leylandzypresse, ist sich die Fachwelt immer noch nicht einig. Die goldgelb benadelte Sorte ›Castlewellan Gold‹ hat jedoch nachweislich längere Frostperioden mit Temperaturen um −25° C auch als zweijährige, also noch relativ junge Pflanze, unbeschadet überstanden.

Andere Züchtungen haben grüne oder grünblaue Nadeln.

Eiben und hier vor allem *Taxus baccata* mit einer großen Anzahl von Sorten lassen sich mit der Schere nahezu alles gefallen, sind auch sonst sehr robust und ziehen Schattenplätze der prallen Sonne vor. Die Samen in den roten Fruchtmänteln sind giftig. Zwar können auch Fichten *(Picea)* und Tannen *(Abies)* als Hecke gezogen werden, doch ist davon gerade im kleinen Garten abzuraten. Fichten vor allem sind nicht so unkompliziert, wie man meint; sie verlangen eine hohe Boden- und Luftfeuchte und vertragen kein kalkhaltiges Erdreich.

Generell ist eine Laubhecke einer solchen aus Nadelgehölzen vorzuziehen, weil Singvögel das schützende Blätterdach als Nistplatz und Aufenthaltsort besonders schätzen und weil die Auswahl an geeigneten Gehölzen hier größer ist als bei Koniferen. Auch die Kleintiere des Bodens ziehen eine Laubdecke der Nadelstreu vor.

Pflanzen für ungeschnittene Hecken				
Botanischer Name	Deutscher Name	Höhe in mm	Blütenfarbe	Blütenzeit
Berberis	Beberitze	1–2	goldgelb	V–VI
Buddleja	Schmetterlingsstrauch	2–4	lilarot	VI–VII
Calycanthus	Gewürzstrauch	1–3	rotbraun	VI–VII
Chionanthus	Schneeflockenstrauch	3–5	weiß	VI–VII
Colutea	Blasenstrauch	2–3	gelb	VI–VIII
Cornus	Hartriegel	1–3	weiß	V–VI
Corylopsis	Scheinhasel	1–2	gelb	IV
Cotinus	Perückenstrauch	2–4	gelb/weiß	VI–VII
Cotoneaster	Zwergmispel	0,5–2	weiß	VI
Deutzia	Deutzie	1–2	rosa	VI
Euonymus	Pfaffenhütchen	3–6	gelbgrün	V
Forsythia	Forsythie	2–4	gelb	IV–V
Halesia	Schneeglöckchenbaum	4–6	weiß	IV–V
Kerria	Kerrie	1–2	gelb	IV–V
Kolkwitzia	Kolkwitzie	2–3	rosaweiß	V–VI
Ligustrum	Liguster	1–2	weiß	VI–VII
Lonicera	Geißblatt	3–5	gelb	VI
Malus	Zierapfel	2–6	weiß/rot	V–VI
Philadelphus	Pfeifenstrauch	2–3	weiß	V–VI
Potentilla	Fingerkraut	2	weiß/gelb	V–VIII
Prunus	Zierkirsche	2–6	weiß/rosa	IV–VI
Pyracantha	Feuerdorn	2–4	weiß	V–VI
Rosa	Wildrosen	1–4	weiß/rot/gelb	V–VIII
Sorbaria	Fiederspiere	2–3	weiß	VII–VIII
Sorbus	Eberesche	3–15	weiß	V–VI
Spiraea	Spierstrauch	1–2	weiß/rot/rosa	V–VIII
Syringa	Flieder	1–5	weiß/rosa rot/lila/blau	V–VII
Tamarix	Tamariske	3–4	rosa	V
Viburnum	Schneeball	1–4	weiß/rosa Winterblüher	IV–VI XII–III
Weigelia	Weigelie	1–3	weiß/rosa/rot	V–VII

Pflanzen für Schnitthecken			
Botanischer Name	Deutscher Name	Schnitthöhe in m	Standort
Berberis	Berberitze	0,5–1	○ – ◑
Buxus	Buchsbaum	1–2	○ – ●
Carpinus	Hainbuche	1–4	○ – ●
Cornus mas	Kornelkirsche	1–2	○ – ◑
Ilex	Stechpalme	1–2	◑ – ●
Lingustrum	Liguster	0,5–2	◑ – ●
Lonicera	Geißblatt	0,5–2	◑ – ●
Potentilla	Fingerstrauch	0,5–1	○
Prunus laurocerasus	Lorbeerkirsche	0,5–2	◑ – ●
Pyracantha	Feuerdorn	1–2	◑ – ●
Spiraea	Spierstrauch	0,5–1	○ – ◑

○ = sonnig; ◑ = halbschattig; ● = schattig

Zäune

Wenn die Neugierde sich langweilt, sucht sie einen Zaun. Denn Zäune dienen nicht nur der Zierde oder der Zweckmäßigkeit oder beidem, sie schaffen Distanz zwischen drinnen und draußen, gestatten Einblicke und scheinen doch mehr zu verbergen als sie preisgeben.

Eine Einfriedung vermittelt nicht nur demjenigen, den sie umgibt, das Gefühl der Geborgenheit, es teilt sich ebenso auch dem unbeteiligten Betrachter mit. In zahlreichen Siedlungen am Rand großer Städte ist es verboten, die Grundstücke mit Zäunen gegeneinander abzugrenzen, lediglich niedrige Buchsbaumhecken sind gestattet. Die Folge davon ist, daß diese Gärten kaum bewohnt werden; Rasen und Blumen, bis zur Sterilität gepflegt, sind Zwangsdekoration! Kaum ein Vorübergehender bleibt hier stehen. Warum sieht man – andererseits – so selten dicht geschlossene, übermannshohe Hecken oder gar Mauern? Unserem Bedürfnis nach dem eigenen umbauten Raum steht der gleich tief verwurzelte Drang gegenüber, durch mögliche Kommunikation nach draußen stets Teil der Gemeinschaft zu bleiben. Die Angst vor Isolation ist also ebenso elementar wie die Furcht, den individuellen Freiraum mit anderen teilen zu müssen.

Begrenzungen und Größe stehen demzufolge in einem ursprünglichen Zusammenhang. Es hat schon seinen Sinn, daß man weitläufige Gartenflächen aufteilt, sie gewissermaßen »füllt«; hier eine Hecke, dort eine Rabatte, eine Strauchgruppe, Bäume, Findlinge, Wege. Künstliche Begrenzungen werden geschaffen, Lauben, verschwiegene Winkel, in die man sich zurückziehen kann. Dasselbe bezwecken Zäune, die, anders als hohe Mauern, dennoch durchlässig sind, das Gespräch zulassen, die Teilnahme am Geschehen draußen ermöglichen, ohne daß man als Teilnehmer erkannt wird oder aktiv werden muß.

Heute wird es uns ziemlich leicht gemacht, das Grundstück einzufrieden. Heimwerker- und Baumärkte bieten Werkzeug und Materialien an, die auch einen handwerklich weniger Geschickten geradezu herausfordern, selber Hand anzulegen. Abgepackter Fertigzement, Latten, Bretter, Pfosten, Balken aller Abmessungen und Stärken, unbehandelt oder imprägniert, stapeln sich in den Regalen. Ganze Zaunelemente in praxisgerechten Abmessungen kann

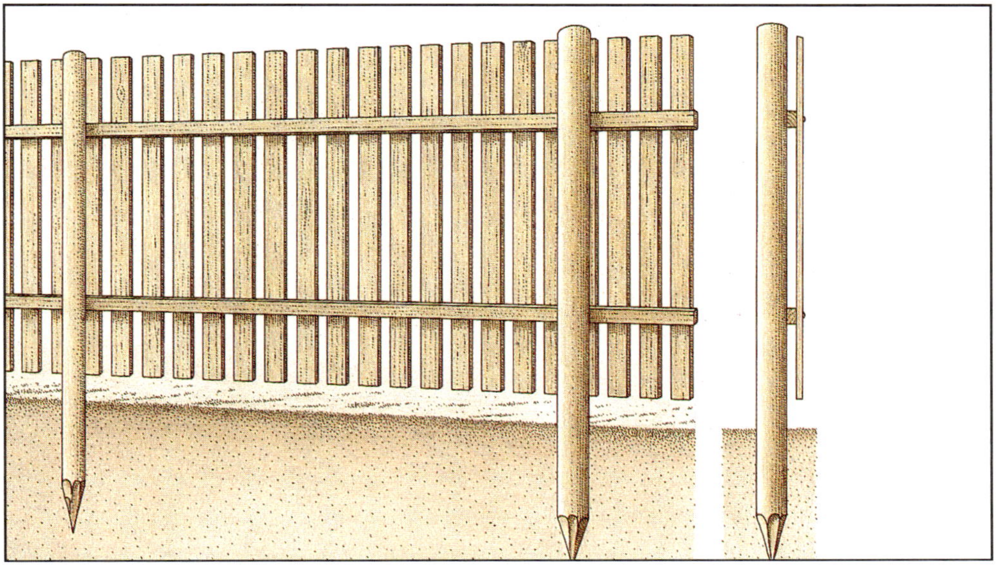

Lattenzaun (Staketenzaun)

man, vorfabriziert, fix und fertig verschraubt, kaufen. Natur- und vor allem aber Industriesteine und andere vorgeformte Bauelemente werden palettenweise ins Haus geliefert. Nur nach den billigsten aller Produkte wird man etwas suchen müssen: Sand und Kies. Aber wer sich einen einfachen Holzzaun selber baut, braucht sie gar nicht. Als Pfähle werden lediglich stärkere Rund- oder Vierkanthölzer benötigt, außerdem Latten.

So ein einfacher Lattenzaun, wenn er leicht und niedrig ist und nicht belastet wird, hält auch ohne Fundament – vorausgesetzt, die Holzteile sind gut imprägniert. Gut bedeutet in diesem Fall Kesseldruckimprägnierung, die man übrigens bei Holzkonstruktionen, gleich welcher Art, im Freien jedem anderen Schutz vorziehen sollte. In ständig feuchtem Erdreich oder bei hohem Grundwasserstand empfiehlt es sich, die – zugespitzten – Zaunpfähle nicht einfach in den Boden zu rammen, sondern für jeden eine separate Grube auszuheben, in die als Dränage reichlich grober Kies oder Schotter eingefüllt wird.

Um Kosten zu sparen, imprägnieren viele Gartenbesitzer die zum Bau vorgesehenen Teile mit einem entsprechenden Holzschutzmittel selbst. Dagegen ist nichts einzuwenden, solange man darauf achtet, daß das verwendete Produkt pflanzen- und umweltfreundlich ist. Immer wieder passiert es, daß Gartenfreunde darüber rätseln, warum eine Clematis, ein Geißblatt, eine Pfeifenwinde sich am Gerüst partout nicht festhalten wollen, früher Salat in einem gerade durch einen Anstrich aufgefrischten Anzuchtkasten nicht gedeiht, Kapuzinerkresse sich vom Jägerzaun wie angewidert abwendet, anstatt an ihm emporzuklimmen. Bei druckimprägniertem Material ist man vor derartigen Überraschungen sicher.

Während im ländlichen Siedlungsbereich ein rustikaler, im wahrsten Sinn des Wortes etwas ungehobelter Zaun nicht weiter auffällt (manchmal, wenn sich ein Naturgarten dahinter verbirgt, sogar erwünscht ist), wird man am Reihenhaus nicht zuletzt mit Blick auf die Nachbarn in der Regel etwas Ansehnlicheres als einen Staketenzaun (Lattenzaun) vorziehen – falls es nicht bei der schon erwähnten Hecke bleibt. Hier ist unbedingt als stabiler Unterbau ein Fundament zu empfehlen. Ob man ein Streifenfundament, also einen über die ganze Länge des Zauns verlaufenden Betonsockel wählt oder sich für ein

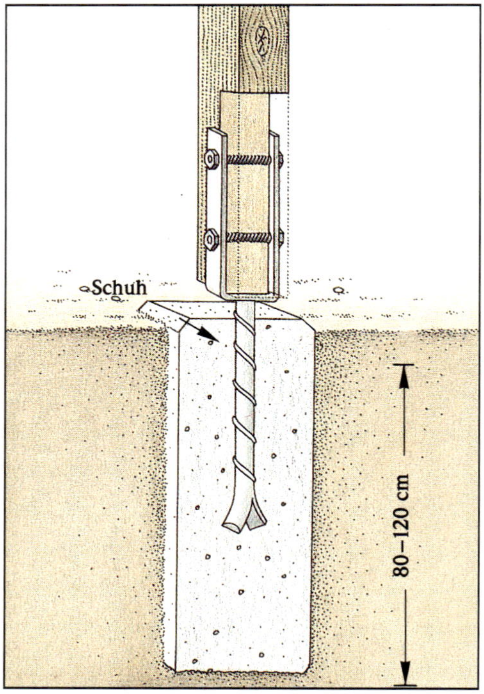

Punktfundament aus Beton

Punktfundament entscheidet, bei dem nur jeder Stützpfahl einen kleinen, separaten Unterbau erhält, hängt nicht zuletzt vom Abstand der Pfosten zueinander ab. Ist er relativ gering, wäre ein durchgehendes Fundament vorzuziehen.

Man hebt dazu einen etwa 80–120 cm tiefen Graben aus, füllt soviel Beton hinein, daß er oben bodengleich abschließt, und schiebt oder klopft die Zaunpfähle in die noch breiige Masse. Die Pfähle sind anschließend mit provisorischen Stützen zu stabilisieren, eine darübergelegte und mit der Wasserwaage ausgerichtete Latte sorgt für gleichbleibende Höhe. Wird zu zweit gearbeitet, kommt der Pfahl zuerst in den Fundamentgraben, dann ist mit Beton aufzufüllen. Die Fundament-Oberseite sollte mit dem Spachtel leicht gewölbt werden, damit sich hier kein Wasser sammeln kann.

Beim Punktfundament verfährt man genauso, spart allerdings viel Füllmasse, da pro Pfahl nur ein Loch ausgehoben zu werden braucht. Im Baustoffhandel gibt es heute auch fertig gegossene »Postamente« zu kaufen, konisch geformte Betonsockel verschiedener Größen, auf denen die Zaunpfähle mit Hilfe von Flacheisen befestigt werden können. Derartige Halterungen oder »Schuhe«, wir kennen sie vor allem vom Pergola- und Carportbau (überdachter Autoabstellplatz) her, lassen sich auch ins selbst gefertigte Betonfundament eingießen. Das hat den Vorteil, daß die mit ihnen verschraubten Zaunpfosten keine Bodenberührung mehr haben und damit zusätzlich vor Verrottung geschützt sind.

Das Einfachste und Billigste ist immer noch der Maschendrahtzaun, verzinkt oder kunststoffummantelt. Als Gestaltungselement nicht sonderlich originell, erfüllt er doch die ihm zugedachte Funktion einer stabilen Abgrenzung und hält sogar Nachbars Hund fern, solange der Vierbeiner das Springen noch nicht gelernt hat. Das triste Drahtgeflecht läßt sich entweder durch Vorpflanzungen oder durch Klettergewächse freundlicher gestalten. Wer Spaß an einjährigen Schlingern hat, findet hier ein dankbares Experimentierfeld mit jährlich wechselnden Akteuren.

Bei Holz sind die Variationsmöglichkeiten fast unbegrenzt. Latten wie schmale Bretter können als Fertigware gekauft werden, oder man läßt sie sich vom Schreiner in der gewünschten Form zuschneiden und montieren. Durch wechselnde Höhen, unterschiedliche Lattenstärken, horizontale oder vertikale Anbringung an den Längsträgern, Versetzung, geometrische oder unregelmäßige Anordnung, mit einseitiger Schräge, Doppelschräge oder Abrundung der Lattenköpfe, weiten oder engen Abständen und vielem anderen mehr, kann man seiner Phantasie freien Lauf lassen – hoffentlich, ohne den guten Geschmack dabei zu strapazieren!

Etwas vorsichtig sollte man im Reihenhausgarten mit sehr wuchtigen Konstruktionen sein. Massive Halbrundhölzer, waagerecht verlaufend und womöglich noch doppelseitig an den senkrechten Pfählen verschraubt, passen nicht hierher und kosten unnötig Platz. Auch der sogenannte Rancherzaun aus ungehobelten Schalbrettern sollte Wochenendhäusern in ländlicher Umgebung oder rustikalen Eigenheimen vor den Toren der Stadt vorbehalten bleiben.

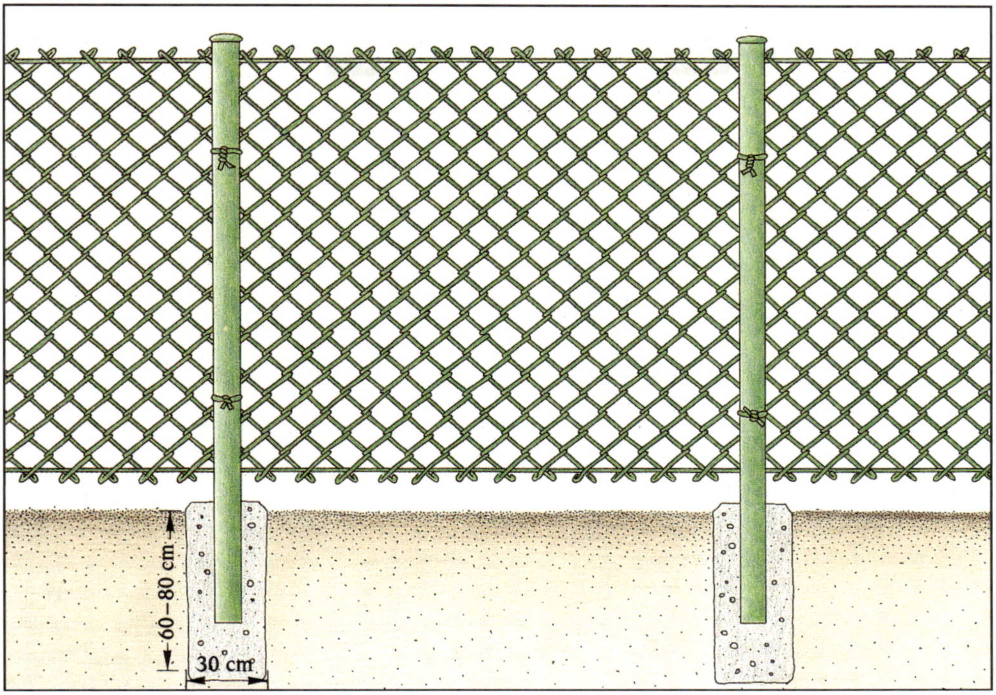

Maschendrahtzaun

Jägerzaun

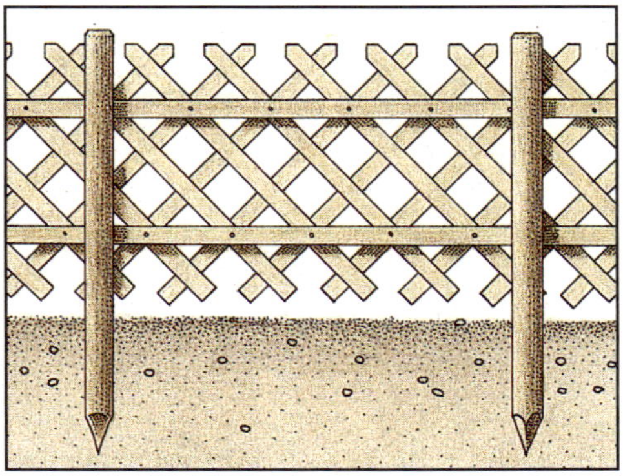
Jägerzaun

Jeder hat ihn, aber keiner mag ihn – diese Marginalie paßt zu der bei uns am häufigsten verwendeten Einfriedung, dem Polygon- oder Jägerzaun. Zugegeben, mit dem Jägerzaun geht es uns ähnlich wie mit der Thuja als Heckenpflanze: man sieht ihn einfach zu oft. Doch was spricht sonst gegen diese gefällige Form aus natürlichem Material, die abwechslungsreicher und freundlicher ins Auge fällt als triste, nebeneinander genagelte, uniformierte Latten?
Seitdem man sich seinen Jägerzaun als Einzelelement, wie eine Ziehharmonika auf handliches Maß zusammengeschoben, im Supermarkt kaufen und im Kofferraum nach Hause transportieren kann, hat er auch von dieser praktischen Seite her gesehen Pluspunkte für sich verbuchen können. Das Angebot umfaßt verschiedene Höhen, die Pfähle werden gleich mitgeliefert, die Hölzer sind druckimprägniert, und daheim kann man sich überlegen, wie weit man den gutmütigen Gesellen durch Auseinanderziehen verlängern möchte. Je mehr man die Halbrundhölzer spreizt, desto niedriger wird der ganze Zaun, desto größer werden die Zwischenräume. Insgesamt eine Erfindung, so nützlich wie Büroklammern, nur wesentlich langlebiger.

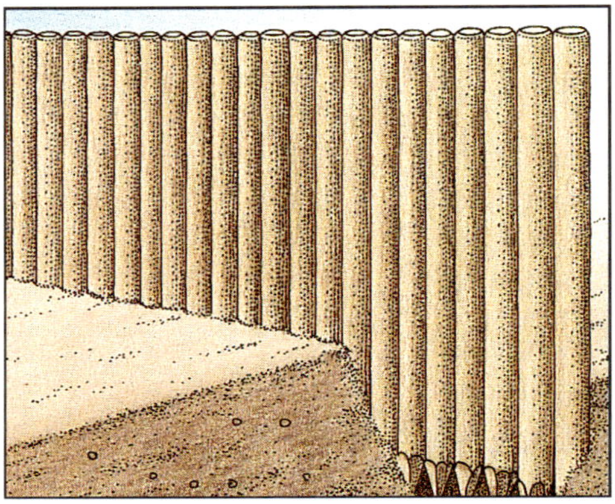

Palisadenzaun

Einfriedung aus Eisenbahnschwellen

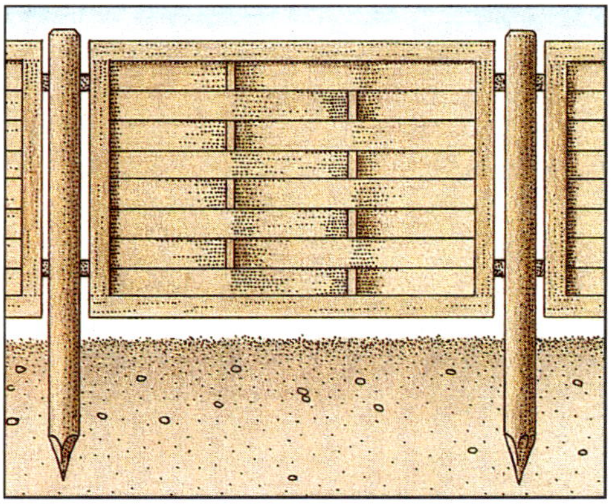

Flechtzaun

Eine andere Möglichkeit ist der Palisadenzaun aus senkrecht verlaufenden Rund- oder Vierkanthölzern, Bohlen oder Eisenbahnschwellen. Ein Fundament ist hier nicht notwendig, ein Schotterbett aus Kies auf dem Grabengrund wie immer empfehlenswert. Kräftige Palisaden müssen nicht unbedingt in gleich verlaufender Höhe angeordnet werden; man kann die Elemente, einzeln oder in Gruppen, höhenversetzt anordnen, damit die Abgrenzung nicht wie eine plumpe Mauer wirkt. Baut man, Erlaubnis vorausgesetzt, höher, läßt sich die etwas triste Bohlenwand durch darangehängte Ampeln oder Balkonkästen freundlicher gestalten. Auch Kletterpflanzen an vorgeschraubten Halterungen machen sich gut und lockern auf.
Vorsicht im Garten mit von der Bundesbahn ausgemusterten, echten Eisenbahnschwellen! Man merkt es nicht sofort, daß das Holz mit teerhaltigen Ölen durchtränkt ist, die erst nach und nach austreten und als schmieriger Belag sichtbar werden. Pflanzen können hier nicht wachsen, und wieweit die Teere im Lauf der Zeit durch Auswaschungen in den umgebenden Boden gelangen, ist nicht genau festzustellen, macht sich aber unter Umständen dadurch bemerkbar, daß Stauden oder Sträucher in diesem Bereich Blätter und Zweige hängen lassen. Schließlich bieten sich als Abgrenzungsmöglichkeit Flechtzäune an. Man bekommt die fertigen Segmente zu kaufen und kann sie mit Hilfe von Flacheisen an den Zaunpfählen, die gleich mit angeboten werden, befestigen. Die vorfabrizierten Felder aus dünnen Lamellenstreifen sind so dicht gearbeitet, daß sie aneinandergefügt eine undurchsichtige Wand ergeben. Hier entsteht also wiederum ein nachbarschaftliches Problem, das rechtzeitig abgeklärt werden muß.

Mauern

Sofern man nicht preisgünstig an echte Natursteine – zum Beispiel aus dem Abbruch alter Scheunen, Ställe oder anderer Wirtschaftsgebäude – kommt, kann man auf industriell gefertigte Naturstein-Imitationen zurückgreifen. Werden die Steine wie bei einer Trockenmauer ohne Mörtel nur lose aufeinander gelegt, ist ein Fundament nicht notwendig. Man hebt lediglich einen flachen, der Breite der untersten Steinreihe entsprechenden Graben aus, füllt als Dränage Kies oder Schotter ein und kann das Material dann einfach schichtweise in die Höhe ziehen. Einfriedungen dieser Art müssen schon aus statischen Gründen niedrig bleiben. Wer Spaß an kleinen, herabhängenden Grün- oder Blütengewächsen hat, achtet auf breitere Fugen, in die bereits während des Aufbaus Erde gefüllt und gepflanzt wird. Voraussetzung ist ein den ganzen Tag über sonniger Standort.

Mit einer Bindemasse ausgefugte Einfriedungen sollten ein frostsicheres Fundament erhalten, das heißt der Sockel muß 80–120 cm tief in den Boden reichen. Andernfalls führt Kälteeinwirkung zu Verwerfungen, die Mauer bekommt Risse und bricht auf. Betonfertigteile in Form gegossener Platten wirken auf den Betrachter, auch wenn sie sehr niedrig sind, meist kalt und langweilig.

Durch Karlsruher Garten- oder U-Steine dagegen kann man bei geschickter Bepflanzung des offenen Bogens mit Gehölzen eine abwechslungsreiche Grenzzeile schaffen. Noch besser sind diese Bauelemente dafür geeignet, einen Hang, zum Beispiel an der Terrasse, abzufangen und zu stützen.

Sichtschutzeinrichtungen

Sie sind dort erwünscht und notwendig, wo sich das Privatleben im Grünen abspielt, also auf der Terrasse oder an der Sitzecke und dem Grillplatz im Garten. Recht praktisch und verwitterungsfest sind Scherengitter aus Holz. An Steinwänden kann man sie andübeln, sonst werden sie an Pfosten befestigt. Einjährige Kletterpflanzen mit nicht allzuviel Eigengewicht finden hier eine gute Rankhilfe. Zu nennen wären zum Beispiel Schwarzäugige Susanne *(Thunbergia alata)*, Duftwicke *(Lathyrus odoratus)*, Feuerbohne *(Phaseolus coccineus)*, Prunkwinde *(Ipomoea tricolor)* und Glockenrebe *(Cobaea scandens)*. Kalebassen *(Lagenaria siceraria)* schaffen nicht nur dichte grüne Wände, sondern entwickeln verschieden geformte Flaschenfrüchte, die man trocknen und für Dekorationszwecke verwenden kann.

Alle diese Gewächse lassen sich auch in Kübeln ziehen, ebenso Passionsblumen *(Passiflora)*, die man im Winter in einen frostfreien Raum stellen muß. Überhaupt sollten Kübelpflanzen als

Trockenmauer: Die Steine werden mit leichter Neigung nach hinten aufgeschichtet

Ein Scherengitter ist eine preisgünstige Rankhilfe für Kletterpflanzen

Aus Karlsruher U-Steinen läßt sich auch eine gemütliche Sitzgruppe herrichten

Sichtschutzmöglichkeit nicht unterschätzt werden. Sofern die Terrasse geräumig genug ist, können größere, dicht beblätterte, mediterrane Gewächse durchaus vor neugierigen Blicken schützen und den Sitzplatz gleichzeitig schmükken. Oleander, Datura, Abutilon, Lorbeer und Orangenbäumchen sind auf einer sonnenbeschienenen oder auch leicht beschatteten Fläche gut untergebracht; für die Überwinterung muß aber ein frostfreier, heller Raum vorhanden sein. Wo die Möglichkeit besteht, sich durch lebendes Grün, an Gerüsten oder als Sträucher frei wachsend, vor Blicken zu schützen, sollte man sich für derartige Problemlösungen entscheiden. Sie sind in jedem Fall freundlicher und gefälliger als beispielsweise Bretterwände.
Für alle baulichen Grenzeinrichtungen gilt der Grundsatz, daß die »Schokoladenseite« stets dem Nachbarn zugewandt sein muß. Zaunpfähle, Sockel, Verstrebungen und Stützen gehören optisch in den eigenen Bereich. Diese Regel hat natürlich auch auf der Wohnterrasse Gültigkeit. Man darf sich hier nicht mit glatten Wänden oder anderen Konstruktionen einigeln, deren »Stacheln« nach außen weisen.

Wasser im Garten

Wasser als Element der Gartenbaukunst ist so alt wie diese selbst. Aber der kleine Teich im Hausgarten begann seinen Siegeszug erst in den 70er Jahren dieses Jahrhunderts. Wasser strahlt Ruhe aus, beherbergt Gewächse, die anderswo nicht gedeihen, lockt Tiere aller Art an und sorgt mit seiner Randbepflanzung für Abwechslung. Nichts spricht dagegen, diese Wirkung im kleinen Reihenhausgarten zu nutzen, der ja mehr noch als eine größere Anlage auch Aufenthaltsraum ist. Daß man hier in der Regel keine große Fläche mit Wasser bedecken wird, versteht sich von selbst – obgleich auch in dieser Beziehung durchaus Möglichkeiten bestehen.
Als Becken läßt sich nahezu alles verwenden, was wasserdicht ist, auch solche Behälter, die zu ganz etwas anderem bestimmt sind. Wo das Material selbst ein Entweichen nicht völlig verhindern kann, steht uns heute ein formbarer, billiger Stoff zur Verfügung, mit dem sich nahezu alles dichtbekommen läßt: die Folie. Sie macht umständliche und immer etwas unsichere Isolierungsversuche gegenstandslos, und jedermann kann mit ihr arbeiten. Voraussetzung beim Teichbau ist, daß nur UV-stabilisierte, spezielle Teichfolie verwendet wird, die es in verschiedenen Stärken von 0,5 bis 2 mm gibt. Für den kleinen Wassergarten und als abdichtende Einlage für Gefäße ist die dünnere Ausführung völlig ausreichend.

Schon ein einfacher Quellstein ist ein attraktives Gestaltungselement

Folienteiche

Der Bau eines kleines Folienteichs bereitet keinerlei Schwierigkeiten. Folie hat gegenüber anderen, festen Materialien den unschätzbaren Vorteil, daß sich dem Teich jede gewünschte Form geben läßt. Das kommt uns nicht nur bei der Platzwahl zugute, das kleine Gewässer wirkt dadurch auch natürlicher. Beim Bau hebt man zunächst eine Grube aus, die den Abmessungen der späteren Wasserfläche entspricht. Sie sollte an der tiefsten Stelle etwa 60 cm erreichen, damit Goldfischen und Amphibien im Winter ein Revier im Wasser zur Verfügung steht, das nicht

Beim Bau eines Folienteiches muß man beim Erdaushub die verschiedenen Tiefenzonen mit berücksichtigen. Wichtig ist auch die waagrechte Lage

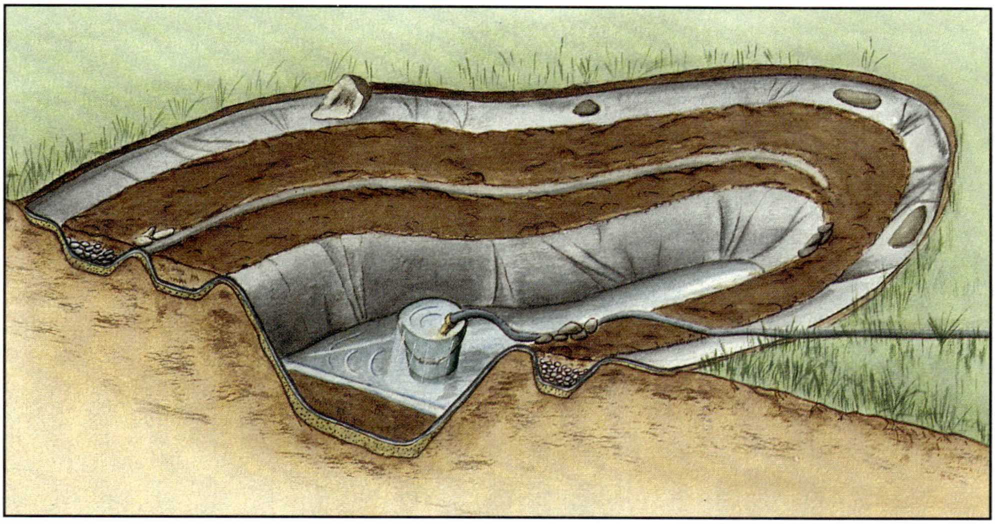

Zuerst wird ein Vlies, dann die Folie ausgelegt. Der Bodengrund wird eingebracht, bevor der Teich vorsichtig mit Wasser gefüllt wird

gefrieren kann. Wo das aus Platzgründen nicht möglich ist – es soll in Randnähe ja auch noch eine Flachwasserzone geben –, muß man auf Fische verzichten oder eine Überwinterung im Aquarium vorsehen. Dann genügt ein gleichmäßiger Wasserstand von 30 bis 40 cm, der für viele Schwimmblatt- und Flachzonengewächse völlig ausreichend ist, auch für eine ganze Reihe von Seerosen.

Es macht sich immer gut, wenn rings um das Becken noch etwas Platz gelassen wird, auf dem man Gewächse mit Wildpflanzencharakter ansiedeln kann. Ein kleiner Teich, übergangslos im Rasen angelegt oder von Prachtstauden umsäumt, wirkt stets verloren und deplaziert. Die fertig ausgehobene Grube erhält, bevor man die Folie einlegt, zweckmäßiger Weise eine Schicht Sand als puffernde Zwischenlage. Bei einem kleinen Teich und sauber geglätteten Untergrund kann man aber auch darauf verzichten. Daß beim Anlegen zwangsläufig Falten in der Kunststoffbahn entstehen, macht nichts; sie werden vom Wasserdruck teilweise wieder ausgebügelt, sind in jedem Fall jedoch unsichtbar. Bei der Bepflanzung, die man vor oder nach dem Einfüllen des Wassers vornehmen kann, sollte man die Gewächse zunächst in ihren Containern lassen, in denen sie gekauft wurden, oder in größere, spezielle Wasserpflanzenkörbe umsetzen, da viele Wasser- und Sumpfpflanzen eine starke Neigung zum Wuchern besitzen.

Fertigteiche

Man kann auch ein fertiges Becken aus Kunststoff oder glasfaserverstärktem Polyesterharz installieren. Die verschiedensten Modelle und Größen sind im Angebot: rund, oval, vier- oder rechteckig, winkel- und nierenförmig. Größere Teiche sind bereits mit abgestuften Wassertiefen und Flachwasserzonen ausgestattet. Vom Material ist nichts mehr zu sehen, sobald die Wasser- und Begleitpflanzen Fuß gefaßt und sich ausgebreitet haben. Einige Modelle haben eingearbeitete Pflanzmulden, in die man die Gewächse direkt setzen kann, so daß keine zusätzlichen Pflanzkörbe benötigt werden.

Von einem selbst gebauten Betonbecken ist angesichts des großen Angebots an Fertigmodellen abzuraten. Die Herstellung ist arbeitsaufwendig, die Betonmischung muß stimmen, die Abdichtung ist, wenn doch einmal Risse auftreten, schwierig und stets unsicher.

Weitere Möglichkeiten

Natürlich kann man, wie bereits gesagt, jedes wasserdichte Gefäß zu einem Quartier für Pflanzen umfunktionieren, theoretisch auch eine alte Badewanne. Mit einem Gartenteich hat das dann aber nichts mehr zu tun. Anders verhält es sich mit Schalen und Gefäßen, zum Beispiel aus Eternit oder einem ähnlichen Material. Es ist eine Frage der Eignung und Plazierung, wieweit sich ein derartiges Element in den Garten integrieren läßt. Das trifft auch auf Betonringe zu, die für verhältnismäßig wenig Geld im Baustoffhandel angeboten werden und eigentlich für Kanalisationsanlagen bestimmt sind. Sie lassen sich durch das Einlegen von Folie ebenso abdichten wie durch Ausgießen des Bodens mit Beton an Ort und Stelle. Allerdings sollte man hierfür einen Fachmann zu Rate ziehen, da eine Verbindung von Beton zu Beton immer recht problematisch ist.
Eine weitere Möglichkeit für einen Miniteich, nicht zuletzt auf der Terrasse, sind Steintröge (die auch hübsche Pflanzbehälter für kleine Blüten- oder Blattgewächse vor allem aus dem Bereich des Steingartensortiments abgeben). Im Gartenhandel bezahlt man für diese Gefäße unverhältnismäßig viel Geld, selbst gegossen und in Wunschgröße kosten sie nur ein paar Mark.

Verschiedene Fertigteiche

Miniteich

Man benötigt dafür jeweils 1 Teil Torf und Zement auf 1½ Teile Sand. Als Verschalung dient ein Karton beliebiger Abmessung, zur Aussparung des Innenraums für das Wasser oder die Bepflanzung schneidet man sich passende Styroporstücke zurecht. Der Raum zwischen Kartonwand und Schaumstoffkern wird mit dem breiigen Torf-Zement-Sand-Gemisch ausgegossen, der vorher in eine Plastiktüte gehüllte Styroporeinsatz nach der Härtung des Materials entfernt. Im fertigen Trog können, je nach Größe, eine kleine Seerose und ein Zwergrohrkolben *(Typha minima)* oder ein junges Zypergras Platz finden. Die richtige Mischung vorausgesetzt, ist das Gefäß völlig frosthart.

Bewegtes Wasser

Das wird im Reihenhausgarten natürlich kein munter plätschernder Bach sein, aber ein kleines Rinnsal im Kiesbett oder ein Quellstein, an dem das Wasser leise herabrieselt, sind durchaus möglich und reizvoll – nicht zuletzt durch das stimmungsvolle Plätschern an lauen Sommerabenden. Für beide Anlagen wird eine elektrische Pumpe benötigt, die im Wasser der Quellsteinschale oder im Auffangbecken im Kiesbett installiert ist.

Ein Bachlauf erfordert einen höheren technischen Aufwand

Faszinierendes Element Wasser

Das Kiesbett wird mit leichter Neigung auf einer Folienbahn verlegt, die das Versickern des Fließwassers in den Untergrund verhindert und sich unter großen Kieseln verbirgt. Am unteren Ende befindet sich ein in den Boden eingelassenes Gefäß mit der Tauchpumpe, die das Wasser durch einen Schlauch wieder zurück an den Ausgangspunkt befördert. Wassersammler und Schlauchmündung am Beginn des Rinnsals müssen durch geeignete Vorpflanzungen oder andere Kaschierungen verborgen werden, der Schlauch selber verläuft unterirdisch. Wenn kein größeres Gefälle zu überwinden ist, genügt eine Elektro-Unterwasserpumpe, wie sie auch für den Quellstein oder einen kleinen Springbrunnen verwendet wird.

Beim Quellstein kann es sich um einen großen Findling oder um die Imitation eines alten Mühlensteins handeln, aber auch andere Formen werden im Baustoff- und Gartenhandel angeboten. Unter dem Stein befindet sich in Form einer großen Schale oder unterirdisch eingesenkt der Auffangbehälter für das Wasser mit der Tauchpumpe. Von ihr führt ein Schlauch in die Durchbohrung des Quellsteins. An seiner Stelle lassen sich auch einige große, aufeinander getürmte Kiesel oder Steine so anordnen, daß das Schlauchstück zwischen ihnen verborgen ist. Damit sie besser halten, kann man sie, für das Auge unsichtbar, mit etwas Beton oder einem Kunstharzkleber stabilisieren. Mit Steinen läßt sich jeder Garten interessanter gestalten.

Sumpf- und Flachwasserpflanzen		
Botanischer Name	Deutscher Name	Wasserstand in cm
Acorus calamus	Kalmus	5–15
Alisma plantago-aquatica	Froschlöffel	5–20
Butomus umbellatus	Schwanenblume, Blumenbinse	5–20
Caltha palustris	Sumpfdotterblume	Sumpf
Carex	Segge (verschiedene Arten)	Sumpf
Equisetum scirpoides	Simsen-Schachtelhalm	Sumpf
Eriophorum latifolium	Breitblättriges Wollgras	0–10
Gladiolus palustris	Sumpfsiegwurz	0–10
Glyceria maxima	Wasserschwaden	Sumpf
Hippuris vulgaris	Tannenwedel	5–40
Iris pseudacorus	Sumpfschwertlilie	5–20
Juncus	Binse (verschiedene Arten)	Sumpf
Juncus effusus ›Spiralis‹	Spiralbinse	0–10
Lysichiton americanum	Scheinkalla	0–10
Lysimachia nummularia	Pfennigkraut	0–10
Lythrum salicaria	Blutweiderich	Sumpf
Menyanthes trifoliata	Fieberklee	5–10
Mimulus luteus	Gauklerblume	0–15
Miscanthus sinensis ›Strictus‹	Stachelschweingras	0–10
Myosotis palustris	Sumpfvergißmeinnicht	5–10
Phalaris arundinacea	Rohrglanzgras	Sumpf
Physostegia virginiana	Gelenkblume	0–10
Pontederia cordata	Hechtkraut	10–20
Sagittaria	Pfeilkraut (verschiedene Arten)	20–30
Scirpus lacustris	Teichsimse	20–80
S. lacustris ssp. tabernaemontani		
›Zebrinus‹	Zebrasimse	10–30
Sparganium erectum	Igelkolben	5–15
Sparganium minimum	Zwergigelkolben	5–15
Typha minima	Kleiner Rohrkolben	5–20
Veronica beccabunga	Bachbunge	0–15
Viola palustris	Sumpfveilchen	Sumpf

Der Sitzplatz – Wohnzimmer im Freien

Es kann sich als durchaus angenehm erweisen, neben den Sitzgelegenheiten auf der Terrasse noch einen zweiten Platz einzurichten, auf den man sich zurückziehen kann.

Eine Möglichkeit, sich so einen ruhenden Pol zu schaffen, ist die »Sitzkuhle«, die gleich zu Beginn der Planung des Gartens mit berücksichtigt und hergerichtet werden muß. Es handelt sich dabei um einen geschützten, nach Westen oder Süden offenen Platz, der etwas aufgebaggert und dessen Aushub dabei zu einem Wall auf einer Seite aufgetürmt wurde. Diese Aufschüttung kann auch nach zwei Richtungen hin vorgenommen werden, eventuell mit unterschiedlichen Höhen. Der oder die Wälle sollen nicht steil aufragen und nicht übermäßig hoch sein, denn sie tragen als zusätzlichen Schutz später eine Bepflanzung aus Büschen, Sträuchern oder Stauden.

Ist man bereit, mehr Platz zu opfern, wäre hier ein zweiter, der Terrasse ähnlicher Aufenthaltsraum im Grünen denkbar, mit Grillstelle, Naturstein- oder Plattenbelag und eventuell seitlich verlaufender Pergola. Nicht vergessen werden darf in einem tiefer als das übrige Niveau liegenden Gartenteil die Einrichtung einer Dränage. Meist reicht es, eine ¼ m² große und 1 m tiefe Grube auszuheben, mit grobem Kies zu füllen und die obersten 20 cm mit Erde abzudecken. Hier läßt sich dann Gras einsäen. Wird der Platz mit einem Bodenbelag versehen, muß man sich, je nach Materialbeschaffenheit, eine Möglichkeit ausdenken, damit das Wasser an dieser Stelle

Mit Kiwis berankte Pergola

Lauschiger Sitzplatz

dennoch versickern kann. Weniger aufwendig ist eine schlichte Ruheecke, wie sie eingangs erwähnt wurde. Für einen Tisch und vier Stühle oder zwei Liegen reichen einige m^2 aus.

Bodenbeläge

Unabhängig von der Größe, sollte ein derartiger Sitzplatz einen festen Bodenbelag erhalten. Bei der Wahl der Platten oder Steine können wir uns ganz von unserem Geschmack leiten lassen, denn angeboten wird so ziemlich alles, was das Herz sich wünscht.
Natursteine können nicht so maßgerecht und fugengleich verlegt werden wie Industrieprodukte, aber gerade das macht ja auch ihren Reiz aus. Wir unterscheiden hier zwischen Hart- und Weichgesteinen. Hartgesteine wie Granit, Gneis, Basalt und Quarz werden in Steinbrüchen abgebaut und haben dementsprechend unregelmäßige Kanten. Weichgesteine dagegen, zum Beispiel Kalk- oder Sandstein, lassen sich zu einheitlichen Formaten zurechtsägen. Bei Klinkersteinen, die man zwischen Natur- und Industriesteinen ansiedeln kann, handelt es sich um hartgebrannten Ton. Sie stehen in der Maßgenauigkeit Betonsteinen nicht nach. Schließlich wären noch die verschiedenen Holzpflaster zu nennen, die man als Rund- oder Rechteckhölzer verlegen kann. Kies kommt wegen seiner Instabilität für

Flächen, auf denen Gartenmöbel hin- und hergerückt werden, weniger in Frage.
Beim Kunststein spielt Beton die herausragende Rolle. Lange Zeit waren es Waschbetonplatten, die beim Bau von Wegen, Terrassen und Sitzplätzen bevorzugt Verwendung fanden. Sie wurden inzwischen durch andere, gefälligere Produkte, zum Beispiel Platten mit einer Vorsatzschicht aus Natursteinsplitt, abgelöst. Daneben gibt es Belege aller Größen mit glatter oder rauher Oberseite oder eingefärbte Materialien, Verbund- und Mosaiksteine sowie Betonpflastersteine unterschiedlichster Farben, Formate und Oberflächenstrukturen. Der Unterbau für den Stein- oder Plattenbelag ist von der jeweiligen Bodenbeschaffenheit abhängig.
Bei sehr leichten, rutschigen Sandböden wird man zweckmäßigerweise den vorgesehenen Platz mit einer Kies- oder Schotterschicht versehen und entsprechend tiefer ausheben. Erst dann folgt eine Lage Sand als Bett für den Oberbelag. Ist das Erdreich im Garten lehmhaltig und stabil, kann man auf den Unterbau verzichten und direkt in den Sand verlegen. Wichtiges Handwerksutensil ist eine Wasserwaage, damit immer wieder nachgeprüft werden kann, ob die Oberfläche plan verläuft, wobei bereits der Sandunterbau auf dieselbe Weise glatt gezogen worden sein muß. Korrekturen durch Ausgleichen der Sandfläche sind während der Verlegearbeiten jederzeit möglich. Wenn das gesamte Areal ausgelegt ist, wird eingesandet, das heißt feinkörniger Sand in die Fugen gefegt beziehungsweise eingeschlämmt.
Beim Holzpflaster ist entscheidend, daß das Material gegen alle Witterungs- und Umwelteinflüsse geschützt ist. Bereits beim Kauf sollte man deshalb der Imprägnierung besondere Aufmerksamkeit schenken. Die weitere Vorsorge vor Verwitterung und Fäulnis hat der Gartenbesitzer zu treffen. Auch bestes, kesseldruckimprägniertes Holz hält einem permanenten Wasserbad nicht stand.
Das heißt, es muß ein etwa 15 cm starkes Schotterbett hergerichtet werden, ehe man die Sandschicht aufträgt. Ist der Boden nachweislich sehr naß oder der Grundwasserstand hoch, empfiehlt

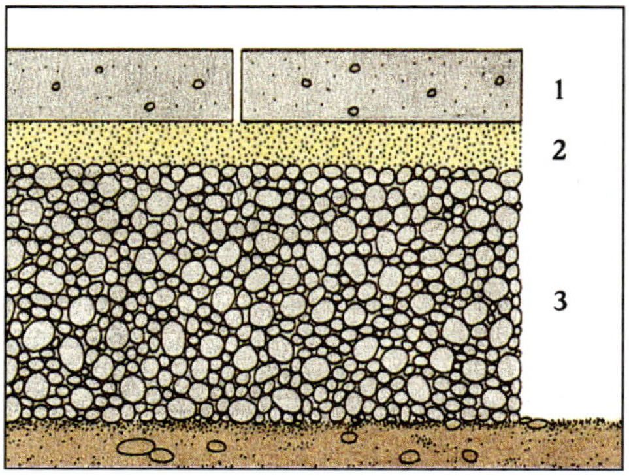

Unterbau für einen Plattenbelag
1: Belag
2: Sandschicht (2–3 cm)
3: Schotterschicht (15 cm)

es sich, in den Untergrund zusätzlich Dränagerohre zu verlegen. Hier wird die ganze Sache jedoch bereits so aufwendig – die Röhren müssen ja in der Regel an das bestehende Abwassersystem angeschlossen werden –, daß man sich besser gleich für ein weniger anfälliges Material entscheiden sollte. Aber auch wenn das Erdreich ausreichend durchlässig ist, gehört Holzpflaster stets nur an einen sonnigen Ort.

Die Pergola

Im Wörterbuch wird die Pergola schlicht als berankter, offener Laubengang oder als Weinlaube definiert. Heute legt man diesen Begriff ziemlich weit aus. Eine einfache Konstruktion aus zwei Pfosten mit einer horizontal darauf befestigten Latte und einigen Querhölzern wird ebenso als Pergola bezeichnet wie der an den Seiten offene, aber mit Ziegeln gedeckte Anbau an das Wohnhaus oder eine Garage. Der einzige Zweck dieser »Pergola« ist häufig das Trocknen von Wäsche.

Seitdem die große Terrasse fester Bestandteil des Einfamilienhauses wurde, hat sich die Pergola hier ebenfalls einen Platz erobert. In anderen Fällen stellt sie das Verbindungsstück zwischen Wohngebäude und Garten dar oder lehnt sich an irgend eine andere feste Baulichkeit an. Im Reihenhausgarten läßt sich mit einem solchen

Berankter Laubengang

Laubengang eventuell ein Sichtschutzproblem lösen, wenn nämlich die Pergola von der Terrasse ausgehend an der Grenze parallel zum Nachbargrundstück einen Weg überspannt und mit Rankgewächsen bepflanzt wird. Entscheidend für den optischen Eindruck ist die Wahl des Materials, in diesem Fall die Stärke der verwendeten Hölzer. Eine kurze, gedrungene Pergola aus überstarken Vierkanthölzern wirkt ebenso unschön wie ein 6 m langes Gestell aus dünnen Latten.

Ein Leichtbaugestell aus einbetonierten Tragepfosten, einfachen, darauf genagelten Längsleisten (Pfetten) und daran befestigten Querverstrebungen (Sparren) kann man selber bauen. Ob man dafür Vierkant- oder Rundhölzer oder eine Mischung aus beiden verwendet, bleibt sich gleich. Eine dichte Berankung im Sommer läßt mögliche Unzulänglichkeiten der Konstruktion verschwinden. Allerdings sollte man das Gewicht von Blatt- und Triebmasse nicht unterschätzen und daher auch bei einfacheren Gerüsten für ausreichende Stabilität sorgen.

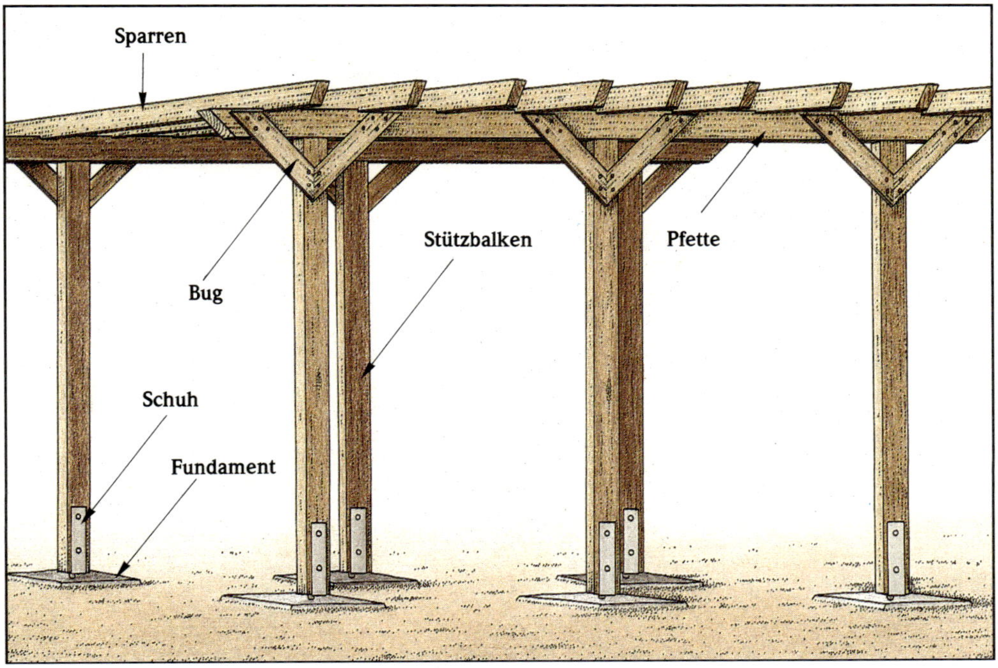

Pergola

Rosen am Rankgerüst

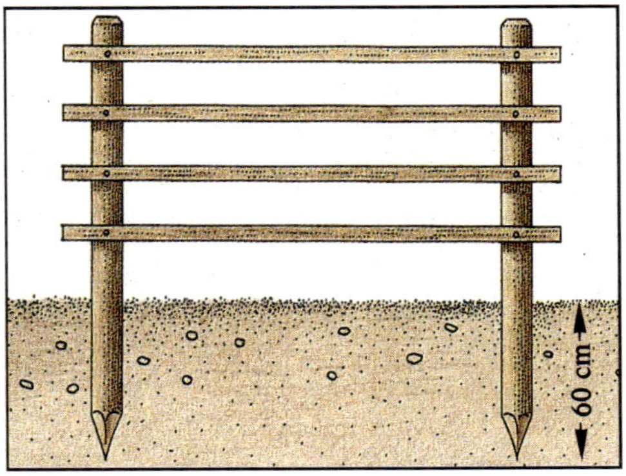

Rankgerüst

Sofern man nicht über Spezialkenntnisse verfügt, ist der Holzkauf Vertrauenssache. Für die Stützpfosten, Pfetten und eventuell auch für die Sparren muß herzgetrenntes Material (Kreuzholz) verwendet werden, das nicht aufspaltet oder reißt. Die tragenden Teile sollte man durch Verzapfungen verbinden, eine Zimmermannsarbeit, die Kenntnisse und besonderes Werkzeug erfordert. Notfalls kann man die Zapfen durch

Sandweg

Weg aus Sandsteinplatten

schwere Flach- und Winkeleisen ersetzen, sollte aber mit Fremdmaterialien so sparsam wie möglich umgehen nach dem Grundsatz: Holz gehört zu Holz. An der Qualität und Imprägnierung darf in diesem Fall nicht gespart werden, denn eine große Pergola ist teuer und soll viele Jahre halten. In der Regel wird man ein Rankgerüst nicht freistehend im Garten aufstellen, es sei denn, man benutzt es als Überdachung des Sitzplatzes, als grüne Laube. Man kann sich in diesem Fall an den für den Gewächshausbau verwendeten Materialien orientieren und beispielsweise mit Stegdoppelplatten oder genörpeltem Glas arbeiten.
Wo der Gartenplan zuläßt, daß die Pergola in Nord-Süd-Richtung errichtet wird, kann man bei der Bepflanzung mit Kiwis das Angenehme mit dem Nützlichen verbinden. Die Früchte dieser aus China stammenden Schlinger kommen erst spät im Jahr, Ende Oktober oder November, zur Reife. Kiwis sind bis auf eine Neuzüchtung selbstunfruchtbar, man muß also stets ein Pärchen pflanzen, wenn man ernten will.

Wege

Im kleinen Garten wird man den Wegen nicht mehr Platz einräumen, als unbedingt notwendig ist. Ganz verzichten kann man auf die zweckbestimmten Zugänge zu den einzelnen Gartenbereichen aber nicht. Wo ein Weg zu verlaufen hat, hängt also nicht nur von der Aufgliederung des jeweiligen Gartens, sondern auch von der Frage ab, ob man ihn als schmalen Pfad oder als geplättelten Zugang gestalten will. Nicht empfehlenswert wäre sicherlich, einen ohnehin schmalen Garten durch eine schnurgerade Achse noch einmal in zwei Hälften zu teilen. Aber wer sagt denn, daß man auf der kürzesten Strecke von der Terrasse ans Grundstücksende gelangen muß? Hier gibt es viele Variationsmöglichkeiten, die, geschickt genutzt, auch aus einem Weg einen wichtigen und hübschen Gestaltungsteil des Gesamtgartens machen.
Grundsätzlich gelten für den Wegebau vier Faustregeln: Wege direkt am Haus sollen stets ein Gefälle von 2 cm pro m Länge vom Gebäude weg erhalten, damit Wasser zum Garten und nicht zum Haus hin abfließt. Das gilt übrigens auch für befestigte Sitzplätze in unmittelbarer

Weg aus Holzlatten

Trittplatten im Rasen

Hausnähe. Bereits bei der Herrichtung des Unterbaus aus Kies oder Schotter ist darauf zu achten, daß der fertige Weg diese leichte Wölbung zur Seite hin aufweist.

Der Weg sollte möglichst niveaugleich mit dem angrenzenden Gelände verlaufen, Kantensteine müssen also entsprechend tief in den Boden eingelassen werden. Das gilt besonders dann, wenn ein Weg durch den Rasen führt oder an einer Seite am grünen Teppich entlangläuft. Beim Mähen treten auf diese Weise keinerlei Schwierigkeiten auf.

Einzige Ausnahme bildet der Kiesbelag. Hier sollen die Kantensteine verhindern, daß Kiesel in das Messerwerk geraten. Der Kantenschneider übernimmt an diesen Stellen den Rest der Schnittarbeit. Wo ein Gefälle von mehr als 8% auftritt, ist es besser, das unterschiedliche Niveau durch Treppenstufen auszugleichen. Für Wegebau und mögliche Materialien gilt das bereits im Abschnitt Sitzplatz Gesagte.

Als Alternative zum Kiesbelag bietet sich seit einiger Zeit Rindenmulch an. Bei normal festem, wasserdurchlässigem Boden erübrigt sich ein Unterbau, man kann aber die Bettsohle zum Ausgleich möglicher Unebenheiten mit einer Schicht Sand bedecken. Der Rindenmulch, der nichts anderes als zerkleinerte, abgelagerte Baumrinde ist, wird im Verhältnis 3 : 1 (3 Teile Mulch auf 1 Teil Flußsand) mit Sand vermischt und 10–20 cm stark im Wegebett aufgeschüttet. Anschließend ist gut festzutreten; noch besser geht es natürlich mit einer Kleinwalze.

Wege und Gehsteige im Rasen sind dazu da, daß man sie betritt. Sie sollen aber darüber hinaus zur grünen Fläche, das heißt zum Gesamtbild des Gartens passen. Da der Zierrasen trotz aller Zier ein Stück Natur ist, sollte ihm nur natürliches Material beigesellt werden. Natursteine für diesen Zweck gibt es genug: schmale Granitplattenabfälle, Kalkstein, Sandstein in Form von Bruchplatten, gespaltene Flußkiesel, grobkörnigen, hellen Kies und schließlich die verschiedenen Spielarten des Holzpflasters.

Wege, die direkt im Rasen verlegt werden, sollten in der Regel schmal sein, sie dürfen die Gräser nicht verdrängen, sich nicht in den Vordergrund schieben. Denn von der Funktion her gesehen dienen sie nur dazu, den grünen Teppich vor zu häufigen Tritten zu bewahren und den Besucher sauberen beziehungsweise trockenen Fußes über die Fläche zu geleiten. Auch bei

Rasenwegen kommt es auf die Größe des Areals an, von der die Art der Wegegestaltung mit bestimmt werden sollte. Es mag Gartensituationen geben, die es unumgänglich machen, daß ein Trittsteig sich quer über das Grasstück zieht. Meist aber wird man ihn mehr am Rand verlaufen lassen, um die Fläche nicht durch ein störendes Element zu zerschneiden. Es wurde bereits gesagt, daß das gerade einem langgestreckten Reihenhausgarten nicht gut bekommt.

Treppen

In früheren Zeiten kümmerte man sich nicht groß um das menschliche Schrittmaß, dessen Sensibilität wir schmerzhaft das ganze Rückgrat entlang spüren, wenn wir eine Bordsteinkante übersehen haben und den Fuß unvorbereitet auf das nur wenige Zentimeter tiefere Straßenniveau setzen. Auch flach- und breitstufige Terrassenabgänge sind unbequem, weil man die Stufen nicht mit einem einzigen Schritt überwinden kann.

Heute werden Treppen nach der sogenannten Treppenformel gebaut, der die menschliche Grundschrittlänge von 65 cm zugrunde liegt. Dieses kleine Treppeneinmaleins lautet: Doppelte Stufenhöhe plus Auftrittsbreite der Stufe muß eine Schrittlänge von 65 cm ergeben, wobei hinzuzufügen wäre, daß 1–2 cm mehr oder weniger nicht allzuviel ausmachen. Die Errechnung der Stufenbreite bei einer angenommenen Stufenhöhe von 15 cm müßte also 35 cm ergeben (2 x 15 cm, abgezogen von der Schrittlänge von 65 cm). Höher als 15 cm sollten Stufen nicht sein, 10 cm sind das Mindestmaß. Soll nun eine Böschung von 1,05 m Höhe mit 15 cm hohen Stufen überwunden werden, wären hierfür 7 Stufen notwendig (105 geteilt durch 15). Da die Auftrittsbreite (Stufenbreite) in unserem Fall nach der Treppenformel mit 35 cm errechnet wurde, müssen für die Gesamttreppe 2,45 m Länge (7 x 35 cm) veranschlagt werden. Ist der Höhenunterschied so groß, daß zu seiner Überwindung mehr als 12 Stufen notwendig wären, sollte man Absätze einfügen. Ihre Mindestbreite entspricht der Schrittlänge von 65 cm.

Im Baustoffhandel werden fertige Stufenplatten aus Naturstein oder Beton sowie aus einem Stück gegossene Blockstufen angeboten. Für diese schweren Materialien ist ein frostsicheres Fundament aus Beton notwendig. Bei leichteren Bauteilen genügt ein Unterbau aus Kies oder Magerbeton, der weniger aufwendig ist. Übrigens können auch U-Steine bei der Treppenanlage verwendet werden.

Erdtreppe

Bepflanzung – die grüne Kulisse

Mehr noch als im normal großen Hausgarten kommt es dort, wo man mit dem Platz sparsam umgehen muß, auf eine wohlüberlegte Pflanzung an. So beeindruckend die zahlreichen frühlingsblühenden Bäume und Sträucher auch sind, das Jahr hat nun einmal zwölf Monate, und wer möchte schon, daß sich der Garten im Juni mit den letzten Blüten verabschiedet? Es geht also darum, die Vielfalt der Flora gut auszunutzen. Für den Garten bieten sich außer Blütenträgern Immergrüne an, Gehölze mit vom Frühjahr an bunt gefärbten Blättern, sowie andere, die sich erst im Herbst ihr leuchtendes Kleid überziehen, und durch Fruchtschmuck auffallende Bäume und Sträucher.

Gehölze mit besonderen Eigenschaften

Unter den Immergrünen ist die Auswahl, wenn man von Nadelgehölzen absieht, nicht besonders groß, doch für den kleinen Garten immer noch ausreichend. In Frage kämen unter vielen anderen *Aucuba japonica,* die zahlreichen Formen von *Berberis* (Berberitze) und *Cotoneaster* (Zwergmispel), *Ilex* (Stechpalme) in Arten und Sorten, immergrüner Schneeball *(Viburnum)* und Buchsbaum, Arten und Sorten von Johanniskraut *(Hypericum)* und Feuerdorn *(Pyracantha).* An niedrigen bis niederliegenden Kleinsträuchern wären zu nennen: *Euonymus-fortunei-*Sorten (Spindelstrauch), *Gaultheria procumbens* (Scheinbeere), *Hebe* (Strauchveronika) und *Daphne* (Seidelbast). Auch bei *Berberis* und *Cotoneaster* finden sich viele reizende, immergrüne Zwerge, unter dem Bambus wiederum imponierende Gräsergestalten. Leider gibt es hier immer wieder Schwierigkeiten mit der Winterhärte, da diese Eigenschaften bei uns noch wenig ausprobiert sind.

Ilex aquifolium, Stechpalme

Viburnum opulus, Gemeiner Schneeball

Bei Laubgehölzen, die durch gefärbte oder panaschierte (weiß oder gelb gefleckte) Blätter vom Austrieb an, also die ganze Vegetationsperiode über, auffallen und vom Wuchs her auch in den kleineren Hausgarten passen, steht Ahorn *(Acer)* mit den Sorten von *A. palmatum,* dem Japanischen Fächerahorn, ganz obenan. Die meisten bleiben in der Höhe noch unter 4 m, können aber sehr breit und ausladend werden. *Aralia elata* ›Variegata‹ hat weiß-bunt panaschiertes Laub, ebenso *Aucuba japonica* ›Variegata‹ Rote, gelbe und panaschierte Blätter treffen wir auch wieder bei einigen Berberitzen der Art *Berberis thunbergii;* Arten und Sorten von *Euonymus* (Spindelbusch), *Ilex* (Stechpalme), *Malus* (Zierapfel) und *Sorbus* (Eberesche) gehören ebenfalls hierher.

Bäume und Sträucher mit auffallender Herbstfärbung sind so zahlreich, daß hier nur einige der wichtigsten Gattungen erwähnt werden können; nach den in Frage kommenden dazugehörigen Arten und Formen muß man sich in der Baumschule erkundigen: *Acer* (Ahorn), *Berberis* (Berberitze), *Betula* (Birke), *Callicarpa* (Schönfrucht), *Cornus* (Hartriegel), *Corylopsis* (Scheinhasel), *Cotinus* (Perückenstrauch), *Cotoneaster* (Zwergmispel), *Euonymus* (Spindelstrauch), *Hamamelis* (Zaubernuß), *Malus* (Zierapfel), *Prunus* (Kirsche, Pflaume), *Rhododendron, Rhus* (Essigbaum), *Sorbus* (Eberesche), *Spiraea* (Spierstrauch) und *Viburnum* (Schneeball).

Zu den im Spätsommer und Herbst mit Fruchtschmuck aufwartenden Gehölzen zählen: *Amelanchier* (Felsenbirne), *Berberis* (Berberitze), *Callicarpa* (Schönfrucht), *Cornus* (Hartriegel), *Cotoneaster* (Zwergmispel), *Daphne* (Seidelbast), *Euonymus* (Spindelstrauch), *Hippophaë* (Sanddorn), *Ilex* (Stechpalme), *Lonicera* (Geißblatt), *Malus* (Zierapfel), *Prunus* (Kirsche, Pflaume), *Pyracantha* (Feuerdorn), *Rosa* (Rose), *Sambucus* (Holunder), *Sorbus* (Eberesche) und *Viburnum* (Schneeball).

Besonders reichen Fruchtschmuck wird man erwarten dürfen, wenn man zwei oder mehrere Exemplare derselben Gattung pflanzt, ein zwar wohlgemeinter Rat, der leider im kleinen Garten aber nur selten zu verwirklichen ist.

Unbedingt jedoch einen Partner benötigen Sanddorn, Schönfrucht und Stechpalme, die sich nicht selbst, sondern nur gegenseitig befruchten können.

Ehe es an das Aussuchen geht, sollten vor jeder Gehölzpflanzung fünf wichtige Fragen beantwortet werden. Damit fällt dann bereits ein Vorentscheid über die in die engere Wahl kommenden Bäume und Sträucher.

- An welchen Plätzen soll gepflanzt werden?
- Welchem Zweck soll das Gehölz dienen, der Zierde oder auch dem Sichtschutz?
- Wie sind die Lichtverhältnisse an der Pflanzstelle?
- Wieviel Raum beansprucht das Gehölz in ausgewachsenem Zustand?
- Was soll in die Nachbarschaft gepflanzt werden?

Laubgehölze im Kurzporträt

Acer
Ahorn

Es sind vor allem der Japanische Ahorn, *Acer japonicum,* und der Fächerahorn, *A. palmatum,* die im Garten durch ihre niedrige Wuchsform und feingeschlitzte, oft leuchtend gefärbte Blätter auffallen. Bei *A. japonicum* ist die Sorte ›Aconitifolium‹ besonders erwähnenswert, deren sommergrünes Laub im Herbst eine rote Färbung annimmt, während ›Aureum‹ schon beim Austrieb auffällig gelbe Blätter hat.

A. palmatum, der Fächerahorn, wird durch seine breite, häufig fast niederliegende Wuchsform dem deutschen Namen gerecht. Auf die ganzjährig rot belaubten Formen wurde schon hingewiesen, andere beginnen erst im Herbst zu leuchten.

Schon ein einziges Exemplar eines Ahorns kann einen ganzen Gartenteil prägen. Diese Ahorne vertragen keine volle Sonne und gedeihen in lichtem Schatten am besten.

Acer japonicum ›Aconitifolium‹, Ahorn

Amelanchier, Felsenbirne

Aralia elata, Aralie

Berberis, Berberitze

Amelanchier
Felsenbirne

Diese Großsträucher zeichnen sich durch ihre Anspruchslosigkeit aus. Jeder Boden ist ihnen recht, volle Sonne wie Halbschatten gleich zusagend, Krankheiten machen sich so gut wie nie bemerkbar, ein Schnitt ist nicht notwendig. Außerdem warten Felsenbirnen mit so ziemlich allem auf, was man im Garten von einem Strauch erwartet: schöner, kupferfarbener Austrieb im zeitigen Frühjahr, überreiche, weiße Blüten im April, leuchtend gelbrote Blätter im Herbst und blauschwarze oder dunkelrote Früchte, die man essen kann. *Amelanchier* läßt sich auch als Hecke pflanzen.

Aralia
Aralie

Vor allem *Aralia elata* mit ihren weiß- oder gelbpanaschierten Formen ›Aureo-Variegata‹ und ›Variegata‹ ist häufig in den Gärten anzutreffen. Man sollte sie wegen ihrer hübschen Blattfärbung in Einzelstellung, vor allem jedoch in volle Sonne setzen.

Jungpflanzen sind nicht zuverlässig winterhart und brauchen daher leichten Bodenschutz mit Fichtenreisig. Zurückgefrorene Triebe werden meist durch Neuzuwachs aus der Wurzel wieder ersetzt.

Berberis
Berberitze

Es gibt sommergrüne sowie die bereits erwähnten immergrünen Arten mit unterschiedlicher Winterhärte. Dieses Manko betrifft aber hauptsächlich die immergrünen Berberitzen, die anderen sind anspruchslos, robust und vertragen auch trockenere Böden. Möglichst sonnig wollen sie alle stehen.

Je nach Art sind Berberitzen auch ausgezeichnete, teilweise schnittverträgliche Heckenpflanzen – eine Eigenschaft, die man gerade bei den immergrünen Arten berücksichtigen sollte. Ent-

sprechend den vielfältigen Verwendungszwecken und Eigenschaften ist die Auswahl in den Baumschulen meist sehr groß. Die wegen ihrer lila- bis rotblauen Blattfärbung besonders auffälligen Formen *Berberis thunbergii* ›Atropurpurea‹ und den gerade 30 cm Höhe erreichenden Zwerg ›Atropurpurea Nana‹ wird man wahrscheinlich überall bekommen.
Als Solitärstrauch sowie als Hecke erwähnenswert ist *B. x ottawensis* ›Superba‹, ein bis zu 2 m hohes Gehölz mit rotbraunen Blättern und gelben Blüten.

Betula
Birke
Jeder Gartenbesitzer soll selber entscheiden, ob er sich diese bis zu 20 m hohen Großbäume leisten kann. Als Gehölz sind sie mit ihrem lindgrünen Austrieb, dem Weiß der Stämme und durch das leuchtendgelbe Herbstlaub von fast unwiderstehlicher Anziehungskraft. Man muß jedoch berücksichtigen, daß diese Flachwurzler allen benachbarten Pflanzen Wasser und Nährstoffe streitig machen, außerdem durch Samenflug und Laubfall auch für den Nachbarn kein Quell reiner Freude sind. Allenfalls kommen Gartenformen von *Betula pendula,* unserer heimischen Sandbirke, als etwas niedriger bleibende Solitärbäume in Frage: ›Purpurea‹ beispielsweise mit dunkelroten Blättern, oder ›Tristis‹, die allerdings groß werdende »Trauerbirke«. Bei der 7 m hoch wachsenden *B. pendula* ›Youngii‹ handelt es sich um eine reine Hängeform, ohne Krone und mit bis zur Erde herabreichenden Ästen und Zweigen. Die Herbstfärbung ist goldgelb. In den Baumschulen wird diese Form auch als *B. verrucosa* ›Youngii‹ angeboten.
Alle Birken haben hohe Lichtansprüche.

Buddleja
Schmetterlingsstrauch
Von *Buddleja davidii,* der bekanntesten Art, gibt es viele Sorten mit weißen, violetten, blauen oder purpurroten Blütenrispen. Da die Blüten nur am einjährigen Holz erscheinen, müssen die Sträucher im Herbst oder zeitigen Frühjahr stark zurückgeschnitten werden. Weniger bekannt ist *B. alternifolia,* deren stark duftende, purpurlila Blüten die bogig herabhängenden Peitschentriebe dicht gedrängt bedecken. Da *B. alternifolia* am vorjährigen Holz blüht (eine Ausnahme), darf durch das Entfernen älterer Äste aus der Mitte heraus nur vorsichtig ausgelichtet werden. Schmetterlingssträucher verlangen einen warmen und sonnigen Platz im Garten.

Betula, Birke

Buddleja davidii, Schmetterlingsstrauch

Buxus
Buchsbaum

Schattenliebend, immergrün, schnittverträglich – das sind die drei Attribute, die den Buchsbaum auszeichnen. Von *Buxus sempervirens* gibt es einige baumartige Gartenformen, meist wird man es aber mit *B. sempervirens* ›Suffruticosa‹, dem »Bauernbuchs«, zu tun haben. Wo noch Reste der alten, bäuerlichen Gärten erhalten geblieben sind wie in Südbaden, hat auch dieser kurzgehaltene Einfassungsbuchs die Zeiten überdauert und säumt die häufig noch vor dem Haus angelegten Gemüse- und Kräuterbeete.

Buxus, Buchsbaum, als Beeteinfassung

Callicarpa
Schönfrucht

Wie der Name schon sagt, sind es die rotvioletten, in Büscheln zusammensitzenden Früchte, die den 2–3 m hohen Strauch im Herbst nach dem Laubfall noch lange Zeit zieren. Blätter und Blüten sind wenig auffällig.
Der Standort sollte geschützt und sonnig sein. Dennoch kommt es in harten Wintern vor, daß einige Triebe erfrieren. Sie sind im Frühjahr zu entfernen. Da es hier wirklich um eine möglichst reiche Fruchtbildung geht, wäre die Pflanzung von wenigstens zwei Exemplaren sehr empfehlenswert.

Callicarpa, Schönfrucht

Calluna
Besenheide, Heidekraut

Bis zu 1 m hoch kann die immergrüne Besenheide, *Calluna vulgaris,* werden. Die kleinen, violettroten Blüten, die den ganzen Kleinstrauch bedecken, öffnen sich von Juli bis September. Die Sorte ›Alba Plena‹ blüht weiß. Heidekraut wirkt am besten, wenn es eine kleine Fläche ausschließlich für sich hat, als Einzelpflanze verliert es viel von seiner Attraktivität.
Man muß den Pflanzplatz mit reichlicher Einarbeitung von Torf und Rindenkompost den Bedürfnissen des Heidekrauts anpassen; wer tiefer in die Tasche greift, verwendet ein im Gartenhandel erhältliches Spezialsubstrat für Rhododendren und die anderen, sogenannten Moorbeetgewächse.
Ein jährlicher Rückschnitt fördert die Blühfreudigkeit der sonnenliebenden Sträucher. Als Nährstoff sollen nur organische oder Spezialdünger verwendet werden.

Calluna vulgaris, Heidekraut

Choenomeles, Zierquitte

Cornus, Hartriegel

Choenomeles
Zierquitte, Scheinquitte
Als typischer Frühjahrsblüher entfaltet dieser 1–2 m hohe Strauch seine leuchtend roten, seltener weißen Blüten bereits im März. Die Früchte sind eßbar und können wie die der echten Quitten zu Gelee und Marmelade verarbeitet werden. Der Strauch ist völlig anspruchslos, gedeiht in Sonne ebenso gut wie im Halbschatten und eignet sich auch für eine Heckenpflanzung. Als Schnitthecke ist die Zierquitte zu schade, weil man sich damit des attraktiven Blütenschmucks weitgehend berauben würde.

Cornus
Hartriegel
Bei *Cornus mas,* der Kornelkirsche, handelt es sich um ein bekanntes einheimisches Gehölz, das im Aussehen zwar nicht mit einigen anderen Arten konkurrieren kann, jedoch gerade im naturnahen Garten einen Platz finden sollte.
Interessanter sind *C. florida,* der Blumenhartriegel und *C. kousa.* Ihre weißen oder rosaroten Hochblätter (Brakteen) hüllen die Sträucher im Mai förmlich ein. Nicht weniger beeindruckend ist die scharlachrote Herbstfärbung der anspruchslosen, 5–6 m hohen Gehölze, die Sonne wie Halbschatten vertragen. Prallsonne in Südlage ist allerdings zu meiden.

Cotinus, Perückenstrauch

Cotinus
Perückenstrauch
Die 4–5 m hohen Sträucher kommen mit ihren dicht behaarten, rötlichen, bis zu 20 cm langen Fruchtständen im Juli nur zur Geltung, wenn sie unbeengt und frei stehen. Die grünlichgelben Blüten selbst sind unscheinbar. Einen zweiten Höhepunkt erlebt der Strauch im Herbst; dann nehmen die Blätter eine weithin leuchtende, orange- bis flammendrote Farbe an.
Je sonniger und wärmer *Cotinus* steht, desto größer und dichter behaart sind die »Perücken«, desto intensiver ist die farbenprächtige Herbstfärbung.

Cotoneaster dammeri, Zwergmispel

Cytisus, Ginster

Besonders auffällig karminrot sind die Fruchtstände von *C. coggygria* ›Purpureus‹; ›Royal Purple‹ hat schwarzrote, ›Rubrifolius‹ im Austrieb dunkelrote Blätter.

Cotoneaster
Zwergmispel

Vor allem vom immergrünen, niederliegenden und kriechenden *Cotoneaster dammeri* gibt es eine große Anzahl von Gartenformen, die sowohl als völlig anspruchslose Bodendecker, aber auch für Schalen- und Trogpflanzung Verwendung finden. Zur Begrünung von Mauern, die sie mit ihren herabhängenden Trieben schon bald völlig bedecken, kann man sie ebenso nutzen wie für die Bepflanzung schattiger Partien. Andere, höhere Arten haben sich als ansehnliche Solitärgehölze bewährt, bei vielen fällt der Fruchtschmuck durch leuchtend rote Beeren auf, die bis weit in den Winter halten.

Zu den schönsten Großsträuchern der Gattung zählt wohl *C. salicifolius var. floccosus,* bis 4 m hoch und breit und mit weit überhängenden Zweigen, die sich von September bis Dezember mit in Büscheln überreich erscheinenden, korallenroten Beeren schmücken. Auch diese Art ist immergrün und verträgt Halbschatten. Von diesem Strauch gibt es einige gerade, 1 m hoch werdende Auslesen.

Cytisus
Geißklee, Ginster

Von Bedeutung für den Garten ist hier vor allem *Cytisus x praecox,* der Elfenbeinginster, von dem einige winterharte Gartenformen mit gelben, roten oder rahmweißen Blüten im April/Mai erwähnenswert sind. Bei *C. scoparius* und seinen Sorten ist die Frostbeständigkeit nicht ganz sicher. Allerdings sollen die in England entstandenen Züchtungen, soweit sie von unseren Baumschulen angeboten werden, hinreichend widerstandsfähig sein. Erst recht gilt das für den nur 0,5 m hoch wachsenden Rosenginster, *C. purpureus,* der seine purpurrosa Blüten im Juni und Juli öffnet.

Alle Ginster wollen einen sonnigen Platz und gedeihen in leichten, warmen, eher trockenen Böden am besten. Außerhalb der Blütezeit geben sie allerdings nicht allzuviel her, neigen außerdem zu sparrigem Wuchs und zum Verkahlen. Wegen ihrer schlechten Verpflanzbarkeit sollte man nur Ballen- oder Containerware kaufen.

Daphne cneorum, Seidelbast

Erica herbacea, Glockenheide

Euonymus fortunei, Spindelstrauch

Daphne
Seidelbast

Der Rosmarinseidelbast, *Daphne cneorum,* ist ein immergrüner Blütenstrauch von gerade 30 cm Höhe, der im April/Mai unzählige karminrosa, stark duftende Blüten öffnet. Da das Zwerggehölz volle Sonne, lockere, magere und kalkhaltige Erde liebt, ist es im Steingarten gut untergebracht.

D. mezereum, der bei uns beheimatete Seidelbast, erreicht 1 m Höhe, möchte ausreichend feuchten Boden und gedeiht in Sonne wie im Vollschatten. Die ebenfalls karminrosa, duftenden Blüten erscheinen bereits im März. Die leuchtend roten oder gelben Beeren, die sich im Sommer entwikkeln, sind giftig.

Erica
Glockenheide

Die immergrünen, 20–30 cm hohen Kleinsträucher von *Erica herbacea,* der Schneeheide, werden in den Baumschulen meist noch unter ihrem alten Namen *E. carnea* geführt. Es sind Winter- oder Frühjahrsblüher, deren roter, rosaroter oder schneeweißer Flor je nach Sorte von November bis April erscheint. Die Kalkempfindlichkeit ist bei dieser Gruppe weniger ausgeprägt als bei anderen Heidekrautgewächsen, so daß eine spezielle Bodenverbesserung kaum notwendig wird. Am besten pflanzt man sie auf größeren Flächen in volle Sonne.

Euonymus
Spindelstrauch

Von unserem heimischen Pfaffenhütchen, *Euonymus europaea,* gibt es einige Gartenformen, die attraktiver als die reine Art sind. Viel interessanter ist auch *E. alata,* der Flügelspindelstrauch, der seinen Namen von den seltsamen, flügelartigen Korkleisten der Triebe ableitet, etwa 3 m hoch wird und mit der leuchtend karminroten Herbstfärbung ein Schmuckstück für jeden Garten darstellt. Die im Mai erscheinenden Blüten sind unauffällig, die kleinen Früchte wie die aller Spindelsträucher giftig.

Vielseitig zur Mauerbegrünung und als Bodendecker verwendbar sind die niedrigen, kriechenden Formen des immergrünen Spindelstrauchs *E. fortunei,* der mit Haftwurzeln zum Klettern ausgerüstet ist. Einige Sorten dieser Art, wie *E.*

Forsythia, Forsythie

Hamamelis, Zaubernuß

fortunei ›Esmeralda Gold‹ mit goldgelb gesäumten Blättern oder ›Silverqueen‹ mit weißbuntem Laub, werden 2–3 m hoch. Alle hier genannten Spindelsträucher gedeihen in Sonne wie in Schatten und sind völlig anspruchslos.
E. planipes, der Sachalinspindelstrauch, wird 5 m hoch, hat überhängende Zweige, ist sommergrün und fällt durch seine orangefarbenen Früchte und die rotbunte Herbstfärbung auf.

Forsythia
Forsythie, Goldglöckchen

Die schönsten Gartensorten stammen von der Hybride *Forsythia x intermedia* ab. Forsythien werden kaum höher als 3 m, können aber beträchtlich in die Breite gehen. Da sie schnittverträglich sind, läßt sich der Wuchs den Gartenverhältnissen entsprechend anpassen. Allerdings sollten nur ganze Äste bodengleich abgeschnitten werden. Gelegentliches Auslichten nach der Blüte fördert den Flor. Die hell- oder goldgelben Blüten öffnen sich im April und Mai vor dem Laubaustrieb.
Der Strauch ist völlig anspruchslos, möchte jedoch viel Sonne.

Blüten von Hamamelis, Zaubernuß

Hamamelis
Zaubernuß

Alle drei bei uns angebotenen Arten sind absolut winterhart und können sonnig wie halbschattig stehen. Bei *Hamamelis japonica* und *H. mollis,* der Japanischen und der Chinesischen Zaubernuß, handelt es sich um Winterblüher, die ihre leuchtend gelben, mit braunem Kelch versehenen Blüten von Januar bis März öffnen. Bei starkem Frost werden die Blütenblätter eingerollt, danach setzt sich der Flor fort, als sei nichts geschehen.
Von der Hybride *H. x intermedia,* in den Baumschulen meist als *H. mollis* angeboten, gibt es attraktive, rotblühende Sorten wie ›Adonis‹, ›Diane‹, ›Feuerzauber‹ oder ›Rubi Glow‹. Die Herbstfarbe des Laubes dieser langsam wachsenden, 5 m Höhe erreichenden Sträucher ist ein leuchtendes Gelb.
H. virginiana, die Virginische Zaubernuß, ist ein Herbstblüher und eigentlich nur dann interessant, wenn der Blütenflor nach dem Laubfall einsetzt.

Hibiscus, Eibisch

Hydrangea, Hortensie

Hibiscus
Eibisch

Unter den Spätsommerblühern steht der Roseneibisch, *Hibiscus syriacus*, an erster Stelle. Je nach Sorte setzt der Flor im Juli ein und kann bis zum Herbst anhalten. Es gibt einfach blühende und gefüllte Gartenformen in allen Blau- und Violett-Tönen und einem dunkler abgesetzten Schlund, außerdem dunkelrote, rosa und weiß blühende Züchtungen.

Die straff aufrecht oder rundlich wachsenden Sträucher werden nicht höher als 2 m, brauchen volle Sonne und eine warme, geschützte Lage. Jungen Pflanzen sollte man einen Winterschutz durch Reisig, Laub oder Stroh geben und erfrorene Triebe im Frühjahr entfernen. Hibiskus wünscht einen gut durchlässigen Boden, bei Stau- oder Dauernässe versagt er. Es sollten immer nur Topf- oder Containerpflanzen verwendet werden.

Hydrangea
Hortensie

Es sind in erster Linie die Arten *Hydrangea arborescens, H. macrophylla* und *H. paniculata,* die mit eindrucksvoll blühenden Züchtungen in Weiß, Violett, Blau oder Rosa im Sommer die Gärten schmücken. Bei *H. macrophylla* kann man die Blütenfarbe durch Kalk- oder Humusgaben beeinflussen. Saurer Boden ruft blaue, alkalischer rosa bis rote Blüten hervor.

Zu den bekanntesten Gartenhortensien gehört zweifellos *H. paniculata* ›Grandiflora‹, an der im August bis zu 25 m lange, reinweiße Blütenrispen erscheinen, die sich zum Ende der Blütezeit rosa verfärben. Diese am Jungholz blühende Sorte muß im Frühjahr bis auf wenige Zentimeter zurückgeschnitten werden, um sich zu voller Schönheit entwickeln zu können.

H. anomala ssp. petiolaris, meist einfach als *H. petiolaris* bezeichnet, ist die schon an anderer Stelle erwähnte Kletterhortensie. Sie erreicht bis zu 10 m Höhe und entwickelt im Juni/Juli schneeweiße, große Blütenstände.

Alle Hortensien bevorzugen humose, ausreichend feuchte Böden; dort halten sie es dann bei sommerlichem Wässern auch in der Sonne aus.

Ilex
Stechpalme

Diese Gattung ist wesentlich formenreicher, als man gemeinhin annimmt, und umfaßt mit *Ilex aquifolium* auch bis zu 12 m hohe Bäume, übrigens die einzigen Immergrünen in Mitteleuropa. Interessant sind die glänzendgrünen, dornig gezahnten Blätter und die lackroten, beerenartigen Früchte. Sie erscheinen nur, wenn man männliche und weibliche Exemplare anpflanzt. Neben *I. aquifolium* mit zahlreichen, darunter auch buntblättrigen Sorten gibt es weitere Formen mit unterschiedlicher Wuchshöhe. Bei den Sorten von *I. crenata* handelt es sich um kleinbleibende bis zwergige Sträucher, die sich im Steingarten ebenso gut verwenden lassen wie zur Bepflanzung von Kübeln und Trögen.

Alle Stechpalmen stehen am besten schattig bis halbschattig, wo die Luftfeuchte noch am ehesten etwas erhöht ist. Mehr noch als bei Nadelgehölzen sollte im Herbst vor Frostantritt gründlich gewässert werden, um Trockenschäden vorzubeugen.

Ilex, Stechpalme

Magnolia, Magnolie

Laburnum, Goldregen

Malus, Zierapfel

Laburnum
Goldregen

So beeindruckend die leuchtend gelben Schmetterlingsblüten an bis zu 50 cm langen Trauben im Mai auch sind, so ist der im Alter nicht selten 8 m hohe Großstrauch doch derart giftig, daß er nicht in die Nähe von Kinderspielplätzen gepflanzt werden darf. Der auch bei uns wild wachsende Gemeine Goldregen, *Laburnum anagyroides,* wie auch die wohl attraktivste Gartenform, *L. x watereri* ›Vossii‹, wollen sonnig stehen, gedeihen auch noch in leichtem, sandigem Boden und sind absolut frosthart.

Magnolia
Magnolie

Leider kommen von diesen im Mai vor dem Laubaustrieb blühenden Sträuchern nur wenige für unser Klima in Frage. So braucht die gerade 3 m hoch werdende Sternmagnolie, *Magnolia stellata,* mit weißen, duftenden, 8 cm breiten Blüten im März unbedingt eine Folienabdeckung gegen Spätfröste, die den Flor gefährden. Die bekannteste und beste Art ist *M. x soulangiana* mit mehreren Sorten, allesamt Massenblüher im Mai/Juni. Die Blüten sind reinweiß bis tiefpurpurrot, häufig zweifarbig. ›Nigra‹ wird nur 3 m hoch, die weißroten Glockenblüten sind schmäler als bei den anderen Sorten. Die immergrüne *M. grandiflora* ›Galissonieri‹, eine alte französische Auslese, ist meist nicht so frostbeständig, wie ihr bisweilen nachgesagt wird, und sollte besser als Kübelpflanze kultiviert werden. Magnolien brauchen einen humus- und nährstoffhaltigen Boden, müssen geschützt und vollsonnig stehen und benötigen als Flachwurzler viel Feuchtigkeit.

Malus
Zierapfel

Das Angebot an Arten und Sorten vom 3 m hohen Busch bis zum 10-m-Baum ist so umfangreich, daß man sich am besten in der Baumschule beraten läßt und das Passende aussucht. Bei richtiger Wahl kann man mit dem Zierapfel drei Höhepunkte erleben: weiße, rosa

oder rote, einfache oder gefüllte Blüten im Frühling, leuchtende, beerenförmige bis apfelgroße Früchte im Spätsommer/Herbst und strahlende, gelbe, orangefarbene oder purpurrote Blätter im Herbst. Das Spektrum ist also ähnlich breit wie bei der Felsenbirne. Einige Sorten schmücken sich auch ganzjährig mit rotem Laub.
Zieräpfel haben keine besonderen Bodenansprüche, wollen möglichst sonnig stehen und wachsen überall dort, wo auch Nutzäpfel gedeihen. Mit der Winterhärte gibt es keine Probleme.

Philadelphus
Pfeifenstrauch, Falscher Jasmin

Starker Duft und einfache oder gefüllte weiße Blüten im Juni und Juli zeichnen die zahlreichen Gartenformen dieses sommergrünen, höchstens 5 m hoch werdenden Strauchs aus. Von den reinen Arten werden in den Baumschulen *Philadelphus coronarius,* der Gewöhnliche Pfeifenstrauch, und *P. inodorus var. grandiflorus* angeboten, beide mit einfachen, rahmweißen, duftenden Blüten.
Pfeifensträucher sind unkompliziert und blühwillig, können auch im Vollschatten stehen, entwickeln aber einen reicheren Flor, wenn sie Sonne abbekommen. Der Schnitt sollte sich aufs Auslichten beschränken.

Pieris
Lavendelheide

Man sollte in unseren Breiten nur die zahlreichen Züchtungen von *Pieris japonica,* der Japanischen Lavendelheide, wählen, aber auch diese Formen an einen windgeschützten, warmen, halbschattigen Platz setzen, damit die bereits im Herbst ausgebildeten Blütenknospen nicht leiden. Die 3 m hohen, immergrünen Sträucher, früher als *Andromeda* bekannt, blühen mit weißen, rosa oder roten, kleinen Krügen ähnelnden und in Rispen herabhängenden Blüten von März bis Mai.
Bei Trockenheit ist ausreichend zu wässern, der Boden sollte humos, feucht und sauer sein. Reichlich Torf im Pflanzloch und eine ebensolche Decke über den Wurzeln neutralisieren zu kalkhaltiges Erdreich.

Potentilla
Fingerkraut

Bei den zahlreichen Sorten von *Potentilla fruticosa* finden sich aufrecht wachsende, kaum Mannshöhe erreichende Sträucher ebenso wie zierliche, niedrige, dem Boden aufliegende Zwerge von 0,30 m. Mit ihren gelben oder weißen, den ganzen Sommer bis in den Herbst erscheinenden Blüten eignen sie sich für den Steingarten und die Trockenmauer ebenso gut wie für Tröge und Kübel oder als Bodendecker. Auch für niedrige Hecken läßt sich Potentilla verwenden, deren staudige Arten weitaus zahlreicher sind als die den Gehölzen zugehörigen.

Philadelphus, Pfeifenstrauch

Pieris, Lavendelheide

Potentilla, Fingerkraut

An die Erde werden keinerlei Ansprüche gestellt, auch schlechteste Böden akzeptiert, sofern der Platz nur in der Sonne liegt.

Prunus
Pflaume, Kirsche, Pfirsich, Mandel

Unübersehbar ist hier die Zahl der Arten und Sorten. Zu den Zierkirschen *(Prunus serrulata)* gehören zahlreiche reinweiß, rosa oder rot, teilweise auch gefüllt blühende, kleine bis mehrere Meter hohe Bäume, die ihren Flor teilweise schon vor dem Laubaustrieb entfalten. Mandeln und Pfirsiche lohnen nur in sehr warmen Gegenden und geschützten Lagen.
P. cerasifera, die Kirschpflaume, fällt durch ihre purpurroten oder schwarzroten Blätter auf. Ihre Sorte ›Nigra‹ ist auch als »Blutpflaume« bekannt. Es handelt sich dabei um bis zu 7 m hohe, baumartige Großsträucher, die im März/April weiße bis rosafarbene Blüten öffnen und eßbare Früchte tragen.
Die immergrüne Lorbeerkirsche, *P. laurocerasus,* läßt sich für Schattenpflanzungen oder niedrige Hecken verwenden. Die bekannte Sorte ›Otto Luyken‹, dicht und breit wachsend, erreicht nur 1 m Höhe und schmückt sich im Mai/Juni mit weißen Blütentrauben. *P. laurocerasus* ›Schipkaensis Macrophylla‹ wird 2–3 m groß, ist aufrechtwachsend und verträgt auch Vollschatten.

Pyracantha
Feuerdorn

1–4 m Höhe können die zahlreichen Gartenformen des Feuerdorns erreichen, die vor allem durch ihren leuchtend gelben oder roten, überreichen Fruchtschmuck im Herbst und Winter auffallen. Bei den Hybriden ist die Frosthärte nicht immer ausreichend, dafür sind die immergrünen Sträucher relativ trockenresistent, wollen aber so sonnig wie möglich stehen.
Obgleich der Feuerdorn keine Kletterpflanze ist, läßt er sich mit seinen langen, häufig überhängenden Trieben gut an einem Gerüst anbinden und als Wandbegrünung verwenden. Bei einer Sortenprüfung durch den »Bund deutscher Baumschulen« bestanden von 17 Züchtungen nur 3 den Eignungstest: ›Golden Charmer‹, ›Orange Charmer‹ und ›Soleil d'Or‹. Nicht die Winterhärte war dabei ausschlaggebend, sondern die Resistenz gegenüber Krankheiten.

Prunus, Zierkirsche

Prunus laurocerasus, Lorbeerkirsche

Pyracantha ›Orange Charmer‹, Feuerdorn

Rhododendron, Alpenrose

Rhododendron, Alpenrose

Rhus, Essigbaum

Rhododendron
Alpenrose
Zu den etwa 1000 natürlichen Rhododendron-Arten kommen die immer- und sommergrünen Hybriden, deren Zahl sich weltweit nicht einmal abschätzen läßt.
Hauptblühmonat ist der Mai, es gibt aber auch frühe Sorten, die bereits Anfang April, und späte, die erst gegen Ende Juni blühen. Vertreten sind sämtliche Farben und Mischungen; die Winterhärte ist nicht überall gleich zuverlässig. Die Bodenansprüche ähneln denen der meisten anderen Erikagewächse, das heißt Rhododendron benötigt ein saures Erdreich, das wir ihm im Garten durch reichliche Torfgaben sowohl ins Pflanzloch als auch zur Bodenbedeckung erst schaffen müssen. Volle Sonne wird ebenfalls nicht vertragen.

Rhus
Essigbaum, Sumach
Mehrstämmiger, malerischer Wuchs, die weithin leuchtende, zuerst gelbe, dann orange und schließlich purpurrote Herbstfärbung sowie die großen, scharlachroten und bis weit in den Winter haltenden Fruchtstände sind die Merkmale der beiden bei uns sehr beliebten Essigbaumarten *Rhus glabra* und *R. typhina,* Scharlachsumach und Hirschkolbensumach. Die Bäume werden etwa 5 m hoch und entwickeln eine breite, dachförmige Krone aus gefiederten, tief geschlitzten Blättern. Lästig an den attraktiven Gehölzen ist ihre Ausläuferbildung. Früchte entwickeln sich nur an weiblichen Pflanzen.
Essigbäume verlangen viel Wärme und Trokkenheit und möchten demzufolge vollsonnig stehen; Staunässe muß man in jedem Fall meiden.

Robinia
Robinie, Scheinakazie
Robinia hispida ›Macrophylla‹, eine Sorte der Rosenakazie, wird nur 1,5–2 m hoch und entfaltet von Juni bis September ihre in Trauben angeordneten, rosaroten Schmetterlingsblüten. Der Strauch muß wie alle Robinien sonnig, warm und vor allem windgeschützt stehen, da bei diesen Blütengehölzen die Astbruchgefahr leider sehr groß ist.
Unter den recht umfangreich werdenden Formen von *R. pseudoacacia* kommt für den kleinen Garten wohl nur die langsam wachsende, 3–4 m Höhe erreichende Sorte ›Umbraculifera‹ in

Robinia, Scheinakazie

Sambucus, Holunder

Frage. Sie wird meist als Hochstamm veredelt und fällt durch die kugelige Krone auf, deren Triebe, anders als bei vielen anderen Robinien, unbedornt sind. Der Baum wächst auch noch auf nährstoffarmen, trockenen Sandböden.

Sambucus
Holunder

Die mit 40 cm Durchmesser wohl größten Blütendolden bringt im Juli/August *Sambucus canadensis* ›Maxima‹ hervor; ›Aurea‹ fällt durch ihr gelbes Laub auf. Beide Sorten werden etwa 4 m hoch. Bekannter und in den Dörfern auch heute noch häufig anzutreffen ist der Schwarze Holunder, *S. nigra*. Auch hier gibt es Gartenformen mit gelb oder weiß gerandeten Blättern. Der Strauch ist starkwachsend und erreicht 7 m Höhe. Die schwarzblauen Beeren sind eßbar und werden zu Saft oder Marmelade verarbeitet. Seit altersher bekannt ist die Heilwirkung von Blüten und Früchten.

Holunder ist völlig anspruchslos und gedeiht in Sonne wie im Vollschatten. Leider übt das Gehölz eine magische Anziehungskraft auf Blattläuse aus, die in dichten, schwarzen Kolonien grüne Triebteile und Blütenstengel besiedeln.

Sorbus, Eberesche

Sorbus
Eberesche

Am interessantesten für den Garten dürften die *Lombarts-Hybriden* sein, weil man hier eine große Auswahl von Sorten mit verschieden gefärbten Beerenfrüchten vorfindet: Gelb, Weiß, Orange, Aprikot, Perlmutt, Blutrot, Lachs, Rosa, Weiß mit roten Punkten. Es ist schon erstaunlich, was der holländische Züchter hier zustande gebracht hat. Doch auch die ungeteilten oder gefiederten Blätter sehen reizvoll aus, besonders wenn sie im Herbst bei einigen Arten eine goldgelbe oder orangerote Färbung annehmen.

Die Gemeine Eberesche, *S. aucuparia*, von der es einige Gartenformen gibt, ist ein bis zu 15 m hoher Baum; die roten, vitaminreichen Beeren der Mährischen Eberesche, *S. aucuparia ssp. moravica*, sind eßbar. *S. intermedia*, die Schwedische Mehlbeere, bleibt etwas kleiner, wächst gedrungener und hat eine rundliche Krone. Ihre Blätter sind ungefiedert.

Ebereschen wachsen in Sonne wie im Halbschatten.

Syringa, Flieder

Viburnum, Gemeiner Schneeball

Weigelia, Weigelie

Syringa
Flieder
Von *Syringa vulgaris,* dem Gemeinen Flieder, mag es weltweit an die tausend Sorten geben, deren teilweise gefüllten Blüten mit weißen, gelben, violetten, blauen und reinen Rottönen aufwarten. Die Sträucher erreichen 3–5 m Höhe, die Blüten erscheinen an bis zu 30 cm langen Rispen meist im Mai; *S. x swegiflexa* blüht von Juni bis Juli dunkelrot und wird etwa 3 m hoch. Flieder liebt nahrhaften, durchlässigen Boden und will möglichst vollsonnig stehen. Im übrigen gilt, was bereits bei der Forsythie gesagt wurde: Außerhalb der Blütezeit ist der Strauch ziemlich langweilig und nichtssagend.

Viburnum
Schneeball
Es sind sommer- wie immergrüne, meist 2–4 m hohe Sträucher mit kugeligen oder tellerförmigen, auch in Rispen oder Trugdolden angeordneten, weißen oder rosa Blüten.
Viburnum carlesii blüht im April/Mai weiß und ist stark duftend, *V. farreri,* der Duftschneeball, öffnet seine wohlriechenden, rosaweißen Blüten bereits im November/Dezember, der Hauptflor folgt dann im März und April. *V. rhytidophyllum* ist immergrün, wird 3–4 m hoch und blüht weiß im Mai/Juni. Die Sorte ›Compactum‹ des Gemeinen Schneeballs, *V. opulus,* wird nur 1 m groß, trägt gelblichweiße Blüten im Mai/Juni und später, wie viele andere Schneebälle, auch leuchtendrote Früchte.
Viburnum liebt nährstoffreiche, nicht zu trokkene Böden und einen Stand in voller Sonne.

Weigela
Weigelie
Weigelien werden 2–3 m hoch und sind sommergrüne, durch ihre Blütenfülle beeindrukkende Sträucher, dabei anspruchslos und dankbar. Für den Hausgarten sollte man auf Züchtungen zurückgreifen, mit denen die Baumschulen aufwarten. Weiß, Rosa, Gelb und Rot in allen Schattierungen sind die herausstechenden Blütenfarben des im Mai und Juni erscheinenden Flors. Bei *Weigela florida* ›Purpurea‹ handelt es sich um einen 1 m hohen Zwerg mit reinrosa, innen weiß gefärbten Blüten. Weigelien werden am besten an sonnige Plätze gepflanzt.

Rosen

Wenn man behaupten wollte, daß in jeden Garten unbedingt auch Rosen gehören, würde man die Bedeutung dieses Blütengehölzes etwas überschätzen. Es läßt sich durchaus auf Rosen verzichten, ohne daß der Garten einen geringeren Zierwert haben muß. Man kann ihn auch ganz anders bepflanzen, und er ist dennoch schön. Nüchtern betrachtet haben Rosen einfach den Vorteil, den ganzen Sommer über zu blühen – richtige Sortenwahl vorausgesetzt –, ziemlich pflegeleicht zu sein und in so vielen variationsreichen Formen angeboten zu werden, daß sich für jeden Garten und jeden Geschmack etwas Passendes finden läßt. Inzwischen hat man sich endlich auf eine Einteilung geeinigt, mit der auch der Laie leben kann und die ihm das Auffinden der richtigen Rose erleichtert.

Wir können unsere Gartenrosen in sechs Gruppen gliedern, zu denen noch die Kulturform der Hochstamm- und Trauerrosen kommt. Sie werden nicht als selbständige Sektion aufgeführt, weil es sich dabei um auf Stämme aufveredelte Beet-, Edel- oder Kletterrosen, also Angehörige anderer Gruppen, handelt.

Beetrosen sind Vertreter der Gattung, deren Blüten einfach-, halb- oder ganz gefüllt sind. Alle Sorten stehen den ganzen Sommer über in Flor; viele haben einen angenehmen Duft. Die Blütenstände sind dolden- oder rispenartig. Durch geeignete Schnittmaßnahmen kann man die Stöcke recht niedrig halten, so daß man sie auch dann noch verwenden kann, wenn etwas weniger Platz zur Verfügung steht.

Strauchrosen werden schon von Natur aus höher als Beetrosen, sie sind meist 1–3 m hoch. Innerhalb dieser Gruppe muß zwischen zwei Formen unterschieden werden: Das sind einmal die Strauchrosen, die nur einmal im Jahr im späten Frühling oder frühen Sommer bis zu 2 Wochen lang sehr reich blühen, sich im Herbst mit lange an den Trieben haftenden, bunten Hagebutten schmücken, besonders winterhart sind und so harmonisch wachsen, daß man auf einen Schnitt meist verzichten kann. Die anderen, moderneren Strauchrosen blühen öfters, also mehr oder weniger reich den ganzen Sommer über, und verlangen bisweilen nach etwas Korrektur mit der Schere.

Beetrose ›Gruß an Bayern‹

Strauchrose ›Mozart‹

Edelrose

Edelrosen haben elegant geformte, gefüllte Blüten, die meist einzeln auf langen Stengeln stehen und häufig duften. Diese Sträucher lassen sich in der Wuchshöhe mit Hilfe der Schere auf Beetrosenformat halten. Hierher gehören auch die sogenannten Teehybriden.

Kletterrose ›Sympathie‹

Kletterrosen sind Gehölze mit besonders langen Trieben. Da sie keine Haftorgane besitzen, müssen sie an Stützen angebunden werden. Auch hier ist wiederum zwischen zwei Formen zu unterscheiden: die bis zu 6 m hoch wachsenden, überreich, jedoch nur einmal blühenden Sorten und andere, die nur 4 m Wuchshöhe erreichen, aber im Sommer des öfteren blühen.
Zwergrosen werden nur etwa 0,30 m groß und blühen reich verzweigt – je nach Sorte – sommerlang. Sie kommen jetzt als Topf- oder Balkonrosen wieder in Mode und werden züchterisch fortlaufend verbessert.
Bodendeckende Rosen haben entweder einen flach über dem Boden kriechenden Wuchs oder bogig überhängende Triebe. Man kann sie dort pflanzen, wo ein großer Busch keinen Platz finden würde oder ihre Zweige über eine kleine Mauer herabhängen lassen. Auch zur Begrünung kahler Flächen sind sie bestens geeignet.

Boden und Standort

Wie viele andere Pflanzen haben auch Rosen Vorlieben für einen ganz bestimmten Boden. Lehmig-humos, durchlässig und nahrhaft heißen die Stichworte. Wir sollten uns nicht groß um diese ideale Mischung kümmern, sondern davon ausgehen, daß Rosen in jedem normalen Gartenboden gedeihen. Nur kühl und naß darf er nicht sein, das Grundwasser die Wurzeln nicht erreichen. Gepflanzt wird an einen Platz, der möglichst viel Sonnenschein abbekommt. Er sollte sich aber auch nicht unmittelbar vor einer nach Süden weisenden Wand befinden; deren Strahlungswärme oder stehende Hitze bekommt den Pflanzen nicht, fördert den Krankheits- und Schädlingsbefall. Damit ist auch gleich etwas zur Pflanzweite gesagt. Rosen brauchen stets Luft um ihre Blätter und Zweige, zu enger Stand ist also zu vermeiden. Werden mehrere Sträucher zusammengesetzt, so daß sie wie ein einziger, großer Busch wirken, muß der nächste so weit weg stehen, daß sich die Triebe nicht berühren. Der Pflanzabstand hängt also vom Umfang ab, den die ausgewachsenen Sträucher eines Tages erreichen werden.

Pflanzung

Pflanzzeit ist der Herbst oder das Frühjahr. In Gegenden mit zeitigen Frösten und langen, kalten Wintern wählt man besser einen Termin im März oder April, wenn der Boden nicht mehr gefroren und nicht mehr naß ist. Das Pflanzloch soll so breit sein, daß die Wurzeln ohne Quetschungen hineinpassen und so tief, daß die Veredelungsstelle am Wurzelhals etwa eine Handbreit mit Erde bedeckt ist. Bei festem Erdreich ist der Untergrund zusätzlich aufzulockern. Eine Lage feuchter Torf fördert die Bildung neuer Saugwurzeln, die für die Ernährung und Wasseraufnahme besonders wichtig sind. Den Erdaushub kann man mit Hornmehl, Knochenspänen oder einem anderen organischen Dünger vermischen. Frischer Stallmist oder mineralische Dünger haben an frisch gepflanzten Rosen nichts zu suchen. Vor dem Pflanzen werden alle faulen oder trockenen Wurzeln abgeschnitten, sehr lange eingekürzt, so daß insgesamt etwa 20 cm bleiben. Der Rückschnitt der oberirdischen Teile erfolgt in jedem Fall erst im Frühjahr und zwar so weit, daß die Triebe 20–30 cm Länge behalten. Nach dem Pflanzen muß man gut wässern.

Rosenpflanzung: Das Pflanzloch wird ausgehoben und der Untergrund gelockert. Den Aushub kann man mit organischen Düngern – zum Beispiel Hornmehl oder Knochenspänen – mischen. Auf keinen Fall dürfen Stallmist oder mineralischer Dünger dafür verwendet werden

Die Pflanzgrube füllt man mit Erde und drückt sie kräftig an

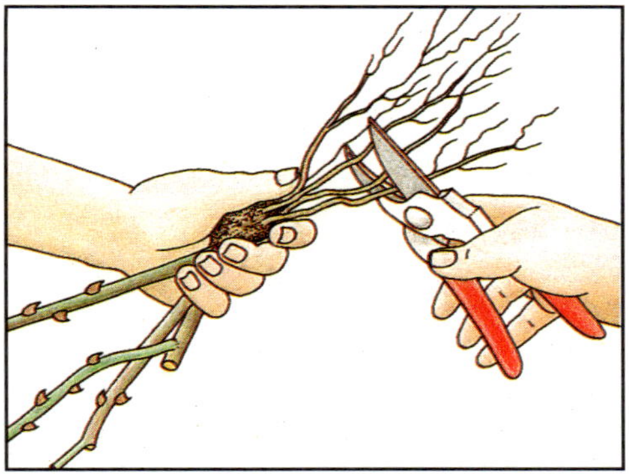

Vor der Pflanzung kürzt man die Wurzeln auf zirka 20 cm ein

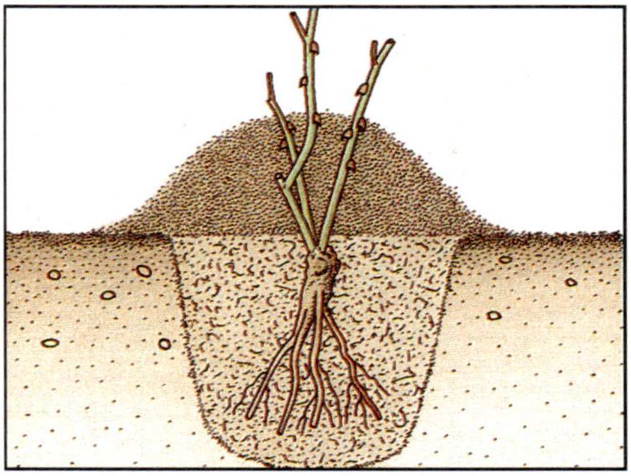

Wird im Herbst gepflanzt, häufelt man Erde als Winterschutz an

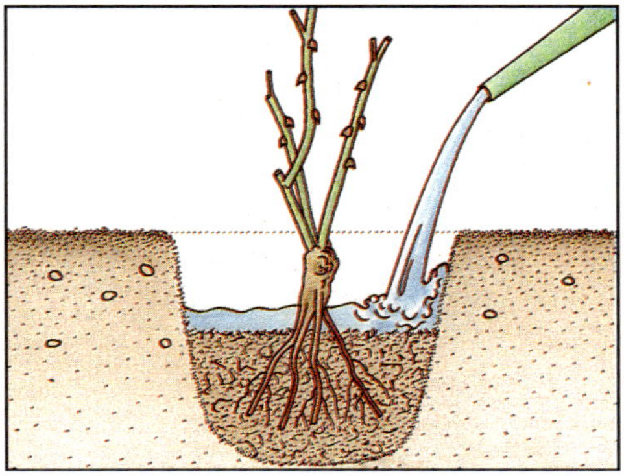

Die Veredelungsstelle muß unter der Erdoberfläche liegen. Danach wird reichlich gegossen

Verwendung

Welche Standortbedingungen Rosen wünschen, wurde schon gesagt. Diese Voraussetzungen müssen also bei der Platzwahl berücksichtigt werden. Alles weitere hängt von den eigenen Vorlieben und dem Zuschnitt, der »Einrichtung« des Gartens ab. Bei Kletterrosen ist die Unterbringung nicht allzu schwierig. Man kann sie direkt an der Terrasse hochranken lassen, am Abgang zum Garten einen Rosenbogen hinstellen, ein rundbogiges Gerüst aus starken Drahtstäben, das es fertig zu kaufen gibt, oder eine Pergola als Rankhilfe verwenden. Eine Wandbegrünung, sofern es sich nicht um die Südseite handelt, ist ebenfalls möglich, und es sieht wunderhübsch

Edelrosen am Gerüst

aus, wenn sich im Sommer leuchtend rote oder gelbe Blüten vom weißen Mauerwerk abheben. Beetrosen lassen sich in eine Rabatte pflanzen, beispielsweise entlang des Rasens oder an der Terrasse, ein großer Rosenbusch mitten im Gräsergrün oder seitlich am Ende des Gartens zieht alle Blicke auf sich und sorgt für optische Abwechslung. Es gibt eigentlich keinen Platz, wo eine Rose nicht stehen könnte, vorausgesetzt, daß sie farblich mit benachbarten Stauden- oder Sommerblumenpflanzungen harmoniert.

Stauden

Wenn man mehrjährige Ziergräser und Zwiebelblumen dazu zählt, die ja auch Stauden sind, bietet die Natur uns hier eine überreiche Fülle von Pflanzen an, in allen Farben und Größen, für Sonne und Schatten, Trockenböden und feuchte Standorte. Wichtig ist nur, daß man nicht einzig und allein solche Gewächse benachbart, deren Blüte in die gleiche Zeit fällt. Dann hat man zwar einen Paukenschlag als kurzen Höhepunkt, doch nachdem er verklungen ist, tut sich nichts mehr auf dem Beet. Wir können uns dann höchstens auf das nächste Jahr freuen, falls wir so klug waren, einige im Frühjahr blühende Zwiebelblumen dazu zu setzen.

Stauden für sonnige Standorte

Aus dem Riesenangebot an Stauden für sonnige Standorte läßt sich, nach Jahreszeit und Blütenfarbe geordnet, folgende kleine und natürlich unvollständige Auswahl zusammenstellen. (Die entsprechenden Sorten würden den Rahmen dieses Buchs sprengen und müssen in einer Gärtnerei erfragt werden; auch die Kataloge von Pflanzenversendern helfen hier weiter.)

Frühjahr (April/Mai)
Gelbtöne, Orange: Tulpe, Gemswurz, Primel;
Blau, Violett: Primel, Kaukasus-Vergißmeinnicht, Hohe Bartiris;
Rosa, Rot: Tulpe, Tränendes Herz, Kissenprimel, Pfingstrose, Bergenie;
Weiß: Tulpe, Bergenie, Tränendes Herz, Pfingstrose

Sommer (Juni/September)
Gelbtöne, Orange: Taglilie, Islandmohn, Steppenkerze, Lupine, Lilie, Schafgarbe, Nachtkerze, Goldfelberich, Kokardenblume, Sonnenbraut, Mädchenauge, Sonnenhut, Sonnenblume, Goldrute;
Blau, Violett: Feinstrahl, Rittersporn, Salbei, Skabiose, Ehrenpreis, Eisenhut, Glockenblume, Phlox, Kissenaster;
Rosa, Rot: Pechnelke, Nelkenwurz, Islandmohn, Purpurglöckchen, Etagenprimel, Feinstrahl, Schafgarbe, Taglilie, Schleierkraut, Prachtspiere, Stockrose, Prachtscharte, Bartfaden, Sonnenbraut, Berg- und Kissenaster, Kokardenblume;
Weiß: Lupine, Feinstrahl, Rittersporn, Madonnenlilie, Prachtspiere, Purpurglöckchen, Skabiose, Schleierkraut, Glockenblume, Sommer-Phlox, Kissenaster, Indianernessel

Herbst (Oktober/November)
Gelbtöne, Orange: Gartenchrysantheme, Sonnenhut;
Blau, Violett: Skabiose, Eisenhut, Rauhblattaster, Myrthenaster, Glattblattaster;
Rosa, Rot: Prachtscharte, Herbstanemone, Rauhblattaster, Myrthenaster, Glattblattaster, Gartenchrysantheme;
Weiß: Rauhblattaster, Myrthenaster, Glattblattaster, Gartenchrysantheme, Herbstanemone.

Dicentra spectabilis, Tränendes Herz

Astilbe

Lupinus, Lupine

Heuchera, Purpurglöckchen

Schattenstauden

Ausdauernde Pflanzen für besonnte Plätze zu finden, ist kein großes Problem – von hochsommerlicher Prallsonne in Südlage einmal abgesehen. Schwierig wird es, wenn auch schattige Stellen nicht ganz ohne Blütenschmuck bleiben sollen. Den Farbenrausch eines Sommerblumenbeets wird man hier zwar nicht erwarten dürfen, aber es bleibt doch noch genug übrig, um derartige Partien freundlich und farbig, zumindest mit frischem Grün auszustaffieren. Das ist vor allem dort erstrebenswert, wo Gehölze wachsen, unter denen der Boden mehr oder weniger im Schatten des Blätterdachs liegt. Was hier gedeihen soll, muß mit wenig Sonne auskommen,

Viola, Veilchen

muß zudem aber auch noch so niedrig sein, daß es sich an darüberstehenden Zweigen nicht stört. In der folgenden Tabelle sind einige geeignete Gewächse angeführt, darunter solche, die man wegen ihrer Größe an gehölzfreien, beschatteten Stellen des Gartens unterbringen kann. Die angegebene Blütenfarbe bezieht sich auf die Art oder auf die bekannteste Sorte. In vielen Fällen gibt es heute Züchtungen, die die Farbpalette um weitere Töne bereichern. Nicht mit aufgezählt wurden Farne, weil sie nicht zu den Blütengewächsen gehören. Wo ein Platz unter Sträuchern oder Bäumen frei ist, kann man mit ihnen einen abwechslungsreichen, grünen Unterwuchs schaffen.

Der Rasen – das grüne Herz

Man kann den Begriff Zierrasen sehr weit auslegen, letztlich hängt es vom Gartenbesitzer ab, was er darunter versteht. Es gibt Hobbygärtner, für die ist der grüne Teppich uneingeschränkter Mittelpunkt, er steht sozusagen in vorderster Front aller Ziergewächse. Das ist dann wirklich nur noch zum Anschauen, kann freilich in seiner Makellosigkeit Bewunderung erregen. Im allgemeinen wird man jedoch seinen Rasen am Haus zwar pflegen, aber doch betretbar belassen, ihm durch die entsprechende Randbepflanzung den passenden Rahmen geben.
Wirklich schön ist ein Rasen immer dann, wenn das Auge die Farben seiner Umgebung einfängt, die erst durch das Grün der Gräser volle Leuchtkraft bekommen. Hier liegt, vom Gestalterischen

Schattenstauden

Botanischer Name	Deutscher Name	Blütenfarbe	Höhe in cm
Aconitum	Eisenhut	blau	100–150
Alchemilla	Frauenmantel	gringelb	10–30
Anemone	Herbstanemone	violett/rosa	60–120
Aruncus	Geisbart	gelb/weiß	20–200
Astilbe	Prachtspiere	violett/rosa	30–150
Bergenia	Bergenie	rosa/rot	30–50
Cimicifuga	Silberkerze	weiß	140–200
Dicentra	Tränendes Herz	rosa/weiß	80
Dictamus	Diptam	rosa	60–100
Epimedium	Elfenblume	weiß/rosa	15–45
Geranium	Storchschnabel	rosa	20–60
Geum	Nelkenwurz	orangerot	10–50
Helleborus	Christrose	weiß	20–50
Hepatica	Leberblümchen	blau	10–50
Heuchera	Purpurglöckchen	rosa/rot	30–70
Hosta	Funkie	hellviolett	40–90
Polygonatum	Salomonssiegel	weiß	40–200
Primula	Primel	vielfarbig	10–80
Trillium	Dreiblatt	weiß	20–40
Vinca	Immergrün	blau	10–20
Viola	Veilchen	blau	15

her gesehen, der eigentliche Sinn einer Rasenfläche, und hier ist der Gärtner gefordert. Denn ein paar m² Fläche in stetem, sattem Grün zu halten, dazu bedarf es zwar einigen Fleißes, aber keiner Phantasie. Leider sind auch diese Nur-Rasen-Gärten heute keineswegs eine Seltenheit.

Anlage

Wer neu gebaut hat und vor dem Problem steht, den Garten einzuteilen und zu gestalten, denkt an den Rasen meist zuletzt. Das heißt, er weiß wohl, an welcher Stelle der grüne Teppich ausgerollt wird, aber daß dort Hunderttausende von kleinen Einzelpflänzchen wachsen sollen, die ihre Lebenskraft ebenso dem Erdreich entnehmen wie Kohlrabi oder Kletterrosen – das wird häufig nicht bedacht. Mit anderen Worten: Der Bodenbeschaffenheit des Rasenbetts wird viel zu wenig Aufmerksamkeit geschenkt. Dabei gibt es kaum etwas Pflanzenfeindlicheres als neu bebaute Grundstücke. Die Fläche ums Haus ist durch schwere Maschinen, die Lagerung von Baumaterialien und die ständige Begehung meist bis tief in den Untergrund hinein verdichtet, allerhand Abfall gelangte in den Boden, Regen und Abwasser haben ein übriges zur Verfestigung beigetragen. Man muß also zunächst einmal einen sauberen, lockeren Untergrund schaffen, wie es zu Beginn des Abschnitts »Planung« schon beschrieben wurde.

Nach dieser Vorarbeit können die Grassamen in den Boden kommen, keimen und wachsen. Die beste Zeit, Rasen auszusäen, sind die Monate Mai und September, wobei es auch schon mal im April geschehen kann oder erst im Oktober; es hängt einzig von der Witterung ab. Denn wie die meisten anderen Samen braucht Grassaat Wärme zum Keimen. Auch in der Nacht sollten die Temperaturen nicht unter 10° C absinken. Die Aussaat im Hochsommer birgt Risiken. Lang anhaltender Hitze kann man noch durch ständiges Beregnen begegnen; aber gegen ausspülende Gewittergüsse oder Hagel ist kein Kraut gewachsen. Nach der Aussaat wird der Samen mit unter die Füße geschnallten Brettern festgetreten, damit er Bodenkontakt bekommt und auch behält. Einfacher geht es mit einer kleinen Walze, die man manchmal in Gartenmärkten oder bei der Gemeinde ausleihen kann. Bis zum Aufgehen darf die Fläche nicht austrocknen.

Als Begrenzung für Rasenflächen bieten sich Stauden an

Rasenaussaat: Die Fläche wird von Steinen und Unkraut befreit, umgegraben und eingeebnet

Mit einem Säwagen ist eine gleichmäßige Verteilung des Saatguts möglich

Die Samen werden oberflächlich eingeharkt

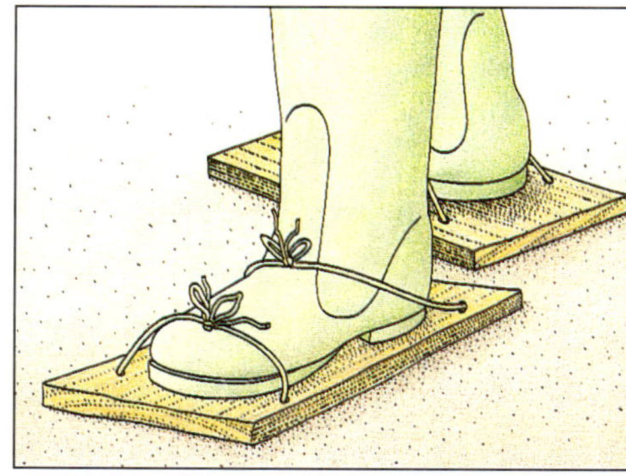

Mit unter die Füße geschnallten Brettern tritt man die Fläche fest

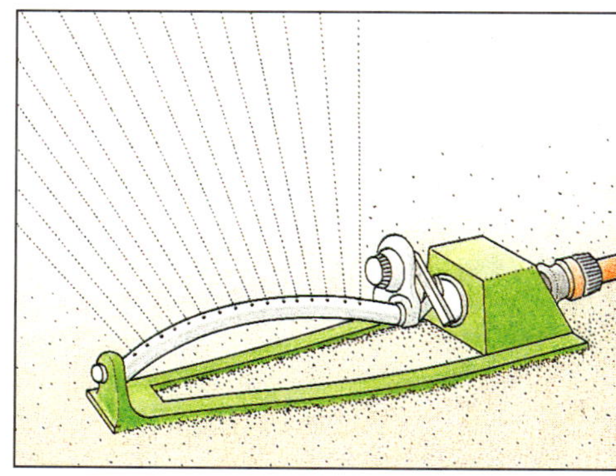

In den ersten 1-2 Wochen darf das Saatgut niemals austrocknen

Düngung

Wer viel arbeitet, soll auch viel essen, heißt es. Beim Rasen stimmt dieser Satz; denn die Gräser »arbeiten« wirklich oder besser: sie werden von uns durch das regelmäßige Mähen, durch Verlust von Blattmasse bei Spiel und anderer Strapazierung zu ständiger Regeneration, zu immerwährendem Wachstum gezwungen. Um diesen Anforderungen gerecht zu werden, muß den Pflanzen genügend Nährstoff zur Verfügung stehen.

Das Düngen wird uns heute leicht gemacht. Fehler sind kaum möglich, wenn man auf Experimente mit Einzelnährstoffen verzichtet. Wichtig ist allein die richtige Dosierung. Die wiederum ist bei sogenannten Langzeitdüngern und organischen Nährstoffkombinationen weit weniger

problematisch als bei Kurzzeitdüngern auf mineralischer Basis. In ihnen werden die Stoffe sofort freigesetzt und können, im Übermaß verabreicht, zu Ätzschäden beträchtlichen Ausmaßes führen.
In allen Rasendüngern sind die wichtigsten Pflanzennährstoffe Stickstoff, Phosphor und Kali in einem ausgewogenen Verhältnis enthalten, häufig auch noch sogenannte Spurenelemente wie Eisen oder Magnesium. Dünger dieser Art werden zweimal im Jahr ausgebracht: einmal im Frühjahr (April/Mai) und dann noch einmal im August. Hier ist es vor allem der langsam fließende Stickstoff, der für die Entwicklung der Graspflanzen besonders wichtig ist. Er regt das Blattwachstum an, vermehrt die Grünmasse und ist der Hauptverantwortliche für einen dichten, schöngefärbten Rasen. Wer seine Gräser besonders schnell auf Trab bringen möchte, wird zu einem stickstoffreichen, schnell wirkenden Dünger greifen. In diesem Fall sollte nach Möglichkeit ein Streuwagen verwendet werden, der für eine gleichmäßige Ausbringung sorgt.

Die Blumenwiese

Darüber muß sich jeder Gartenbesitzer im klaren sein: die Blumenwiese führt ein vollkommenes Eigenleben. Experimente sind hier kaum möglich. Man kann allenfalls eine sanfte Kosmetik vornehmen, indem zum Beispiel Frühlingsblumenzwiebeln oder Herbstkrokusse hineingepflanzt werden. Hat diese bunte Wildpflanzengesellschaft erst einmal Fuß gefaßt, muß man sie wachsen und leben lassen, wie sie gerade will. Höchstens zweimal, im Juni und im Herbst, wird gemäht, das ist schon alles. Dafür hat man dann ein Stück Natur im Garten, wie es schöner nicht sein kann. Allerdings sollte man bedenken, daß sich Samenflug nicht vermeiden läßt. Für den Nachbarn kann, was uns so freut, im eigenen Mustergarten pures Unkraut sein. Eine Verständigung vorab ist daher unerläßlich. Eventuell bietet sich eine Lösung an, indem man im schon bestehenden Rasen an einer Stelle, wo sie nicht stört, die Blumenwiese als kleine Insel wachsen läßt. Auf diese Weise kommt man zu einem Stück Natur, an dem niemand Anstoß nimmt und das dennoch mancherlei Getier anlockt.

Anlage und Pflege

Es gibt zwei Möglichkeiten, zu einer Blumenwiese zu kommen: eine völlige Neuanlage oder das Umfunktionieren schon bestehenden Rasens in eine Wiese. In beiden Fällen sollte die Fläche mindestens ein Jahr lang nicht gedüngt werden, denn auch frisch aufgetragener Mutterboden enthält meist noch zu viele Nährstoffe, die zunächst einmal vom Regen ausgewaschen werden müssen. Bei der Einsaat einer fertig gekauften Blumenwiesenmischung aus dem Samengeschäft – sie enthält meist zwischen 30 und 40 verschiedene Arten von Wildblumen und -kräutern – geht man genau so vor wie bei der Neuanlage des Rasens. Nur muß hier noch mehr darauf geachtet werden, daß die keimende Saat einen stets feuchten Boden hat und nicht austrocknet. Man läßt den Regner also gleich an Ort und Stelle stehen. Hat sich die Wiese einmal etabliert, braucht sie keine zusätzliche Beregnung mehr. Damit es schon im ersten Jahr der Anlage Blühendes zu bewundern gibt, sind den Mischungen einjährige, wilde Ackerblumen wie Kamille, Kornblume, Wucherblume und Klatschmohn beigegeben, die dann wieder verschwinden. Zur Selbstaussaat und zum Weiterbestand dieser Gewächse kommt es meist nicht, weil der Samen selten ausreifen kann, keinen freien Fleck mit Bodenkontakt findet, oder weil die Pflänzchen nach dem Aufgehen der Wurzelkonkurrenz der robusteren Nachbarn erliegen. Dafür erscheinen in den Jahren nach der Anlage andere Wildblumen der Mischung, bestimmt aber Gänseblümchen und Margeriten.
Bei schon bestehendem Rasen muß die Narbe vor der Einsaat der Blumenwiesenmischung mit einem Vertikutierer aufgerissen werden. Allerdings ist bei dieser Empfehlung eine Einschränkung notwendig. Es kann nämlich passieren, daß die alten Rasengräser nach einer derartigen Behandlung besonders gut und dicht zu wachsen beginnen und damit das Aufkommen der Wiesenblumen erschweren. Dieses Risiko muß man eingehen, denn die einzige Alternative wäre eine komplett neu angelegte Blumenwiese. Nach der Saat kann man mit Sand vermischte Erde dünn

über die Fläche streuen. Auch hier ist für stetige Feuchtigkeit zu sorgen. Später, wenn sich der Bewuchs mit Blütenpflanzen als zu spärlich erweist, lassen sich dazugekaufte Wildgewächse nachpflanzen. Eigene Gärtnereien sind auf die Vermehrung und Anzucht spezialisiert. Noch besser ist es, man gräbt auf Spaziergängen Pflanzen der Gegend aus, sofern sie nicht geschützt sind, und setzt sie auf der Blumenwiese ein. Im Herbst kann man durch Auslegen von Blumenzwiebeln, die im Lauf der Jahre verwildern, für einen bunten Frühlingsflor sorgen.

Düngen und Mähen

Allen anders lautenden Anweisungen zum Trotz kann auch die Blumenwiese einmal im Jahr gedüngt werden, am besten gleich nach dem Mähen. Der Dünger muß allerdings arm an Stickstoff sein und sollte eine Langzeitwirkung haben. Gut geeignet ist Kompost.
Möglicherweise wird man in zwei Arbeitsgängen mähen müssen, wobei man das Gerät beim erstenmal auf die größtmögliche Höhe einstellt. Mit dem zweiten Schnitt wartet man am besten einen Tag, damit heruntergedrückte Pflanzenteile sich wieder aufrichten und dann von den Messern besser erfaßt werden können.

Blumenwiese

Reihenhausgärten Beispiele und Anregungen

Im folgenden werden die auf der BUGA angelegten Gärten vorgestellt. Die Pläne zeigen die Grundrisse im Maßstab 1:100 (1 cm im Plan entspricht 1 m in Wirklichkeit). Dabei sind die Pflanzen immer durch die gleiche Farbe oder das gleiche Symbol dargestellt. Die in den Plänen eingezeichneten Pfeile zeigen die Blickrichtung der daneben abgebildeten Detailfotos und -zeichnungen an.

Der Garten als Gemeinschaftsraum

Die Anlage zeigt, wie breitgefächert die Gestaltungsmöglichkeiten sind, wenn man zwei schmale Reihenhausgärten zusammenlegt. Diese Fülle von Pflanzungen wäre wegen der räumlichen Begrenztheit des Einzelgartens nicht realisierbar. Der Garten wirkt optisch weiträumiger, obgleich private Bereiche erhalten bleiben. Durch die Zusammenlegung ist nur ein Eingang von der Straße her nötig; denn der Vorgarten wird ebenfalls von beiden Parteien zusammen gepflegt. Eine Bank unter dem Vordach versinnbildlicht die gute Nachbarschaft, die Spielecke soll die Kinder zusammenführen. Der Teil mit den Terrassen direkt hinter den Häusern ist durch die Art der Bepflanzung und den sparsamen Einsatz von Schutzmauern so gestaltet, daß zwei individuelle Bereiche entstehen. Ein dem Terrassentrakt vorgelagerter Teich bildet eine Art natürlicher Grenze. Der Rest des Gartens mit einer Wiese, mit Stauden- und Gehölzpflanzungen ist dann wieder zur gemeinsamen Benutzung bestimmt, was durch den runden Sitzplatz im hinteren Teil noch unterstrichen wird. Hier findet man sich zusammen – mit Blick auf die gemeinsam geschaffene Anlage und die Häuser als Abschluß.

Obgleich in diesem »Gemeinschaftsraum« Obstbäume, Wildstauden und Stauden mit Wildpflanzencharakter sowie heimische Ziergehölze das Bild bestimmen, wird die Anlage nicht als

Zwei Häuser – ein Vorgarten

reiner Öko-Garten verstanden. Das wäre in einer Siedlung mit eng aneinander grenzenden Grundstücken aus Rücksicht auf die Nachbarn auch kaum zu verwirklichen. Die relativ große Wiese, die hier eine wichtige Rolle spielt, müßte im üblichen schmalen Reihenhausgarten zu Problemen führen. In diesem Garten wird sie durch die Randbepflanzung mit Gehölzen und Stauden weitgehend abgeschirmt, so daß auch möglicher Samenflug durch Wildkräuter und Gräser an der Grundstücksgrenze wenigstens teilweise zum Stillstand kommt. Vielleicht entscheidet man sich aber nach einiger Zeit für einen Blumenrasen anstelle einer reinen Wildblumenwiese, die man nur zweimal im Jahr nach dem Mähen betreten kann. Es sei denn, man hält sich strikt an den die Grünfläche säumenden Kiesweg, was aber mit Blick auf die Kinder schwierig sein dürfte.

Wenn man von einigen Obstbäumen und Beerensträuchern absieht, handelt es sich hier um einen reinen Wohngarten. Lediglich vor dem einen Haus wurde einigen Kräutern ein Platz eingeräumt.

Bei den Gehölzen wurde viel Wert auf eine leuchtende Herbstfärbung oder bunten Beerenschmuck gelegt. Beim Pfaffenhütchen wetteifern rosa bis karminrote Früchte mit einem gelborangen bis dunkelroten Herbstkleid; der Weißdorn färbt sich leuchtend Orange bis Rot, die Kupferfelsenbirne goldgelb oder ebenfalls rot, außerdem fallen bei ihr die schwärzlich-purpurfarbenen, blau bereiften Früchte auf; leuchtendes Gelb, Rot und Orangerot steuern Ahorn, Schneeball und Eberesche dem herbstlichen Farbenspiel bei.

Gemessen an anderen Reihenhausgärten kommt diese Anlage einem Naturgarten bereits recht nahe; sie zeigt, daß Wildpflanzen nicht einen Wildgarten bedingen oder einen Wildnisgarten zur Folge haben. Die Lösung, die hier gefunden wurde, trägt dennoch der Naturverbundenheit ihrer Planer Rechnung; denn hier wird sich mit Sicherheit ein recht reges Vogelleben entfalten, Schlehe, Weißdorn, Eberesche und Pfaffenhütchen bieten den gefiederten Schädlingsvertilgern den Schutz, den sie brauchen, und verlocken zum Nestbau. Der Teich ist in dieser Beziehung

Hier ist Platz für einen Sandkasten

Walderdbeeren, Fragaria vesca

Bachlauf im Vorgarten

ein weiterer wichtiger Sammelplatz, nicht nur für Vögel, sondern auch für eine Vielzahl von Insekten, die wiederum vom Leben in und am Wasser angezogen werden.
Es ist nur konsequent, daß in einem Garten dieser Art den sonst ziemlich vernachlässigten Staudengräsern eine besondere Bedeutung eingeräumt wurde. Sie sind Zwitter – oder »Vielzweckwaffen« – der Gartengestaltung, botanisch den Wildpflanzen verhaftet, ohne deshalb im Ziergarten aus der Rolle zu fallen. In dieser Gemeinschaftsanlage stellen sie eine der Verbindungen zwischen dem Garten vor und hinter den Häusern dar, indem sie den Besucher am Eingang begrüßen und im rückwärtigen Hauptteil dann noch einmal ihren Part spielen. Mit den Schwingelgräsern und dem Reiherfedergras wird das vorexerziert. Sehen wir uns die Möglichkeiten für Ziergräser im Garten etwas genauer an. Ein- und Zweijahresblumen derselben Art kann man, wenn man will, dicht bei dicht auf ein- und dasselbe Beet setzen. Für Gräser kommen Ensembles dieser Art weniger in Frage. Damit ist nicht gesagt, daß die Grasartigen sich grundsätzlich einer Zusammenpflanzung widersetzen. Am Gehölzrand eines größeren Gartens wirkt es sogar sehr attraktiv, wenn man einige hohe und niedrig wachsende Arten nebeneinander setzt. Aber der Kontrast in der Pflanzengestalt, der Färbung und der Wuchshöhe muß sichtbar gemacht werden.
Will man das Staudenbeet mit Ziergräsern auflockern, ist noch mehr gestalterische Überlegung notwendig. In ihrer Mehrzahl verlangen unsere Gartenstauden einen sonnigen Standort und guten, durchlässigen, nahrhaften Boden. Gräser aus Trockengebieten würden hier ebensowenig zur Entfaltung kommen wie solche, die eher Schatten bevorzugen. Und man muß auch in diesem Fall die Größe der Gräser und ihre Wuchsform im Verhältnis zu den anderen Stauden sehen. Grundsätzlich gilt für alle Grasartigen: lieber weniger als zu viele pflanzen, denn manche von ihnen breiten sich im Lauf der Zeit stärker aus, als einem lieb ist. Eventuell entstehende Lücken lassen sich durch spätere Nachpflanzungen immer noch füllen.
Zu den größeren Gräsern für das Staudenbeet gehört das Goldleistengras *(Spartina pectinata)*

Der Teich und die Wiese prägen diesen Garten

mit seinen weit überhängenden, bei der Sorte ›Aureomarginata‹ gelb gerandeten Blättern. Obgleich es bis zu 150 Zentimeter hoch wird, wuchert es kaum und ist unübertroffen attraktiv in der Nähe hoher Stauden. Ebenso groß wird die Rutenhirse *(Panicum virgatum).* Die Sorte ›Rotbraun‹ nimmt im Spätsommer eine kupferne Färbung an und hat diesem Gras den Namen »Kupferhirse« eingetragen. Zu anderen Stauden paßt auch *Pennisetum,* das Lampenputzergras. Es wird bis zu 1 m hoch, blüht mit seinen charakteristischen, flauschigen Ähren ab September und ist ausreichend winterhart. Nach einigen Jahren empfiehlt es sich, den Horst zu teilen und damit die Pflanze zu verjüngen.

Zur Einfassung von Beeten mit hohen Stauden eignet sich auch das Pfeifengras *(Molinia caerulea),* von dem es verschiedene Auslesen gibt. Bei ihm ist vor allem die rötlichbraune Herbstfärbung hervorzuheben, die das Pfeifengras zu einem interessanten Begleiter auf dem Staudenbeet macht. Weil es feuchten Boden liebt, paßt es auch sehr gut an den Rand des Wassergartens. Stark ausläuferbildend ist ein klein bleibender Bambus *(Arundinaria pygmaea),* der nur etwa 50 cm hoch wird. Dieses aus Japan stammende Gras ist absolut winterhart und macht sich sehr hübsch, wenn man es unter Gehölzen anpflanzt. Hier treibt der Bambus mitunter so stark aus, daß er die Funktion eines großen Bodendeckers übernimmt. Das Federgras *(Stipa),* das es in mehreren Arten gibt, ist eine Steppenpflanze. Auch im Garten wächst und blüht es daher nur an vollsonnigen, trockenen Plätzen. Es wirkt vor allem durch seine zarten Grannen (Ähren), die sich auch dann noch leicht bewegen, wenn gar kein Wind zu spüren ist. Als schönste Pflanzengestalt dieser Gruppe gilt *Stipa barbata,* das Reiherfedergras. Damit es voll zur Wirkung kommt, braucht es etwas Platz und sollte so frei stehen, daß es sich dem Wind zum Spiel darbieten kann. In dem hier beschriebenen Garten wurde *Stipa gigantea,* das Riesenfedergras, gewählt.

Diese wenigen Beispiele von Gestaltungsmöglichkeiten mit Staudengräsern sollen lediglich aufzeigen, wie vielseitig sich diese Pflanzen in Rabatten oder an Gehölzrändern und Terrassen

Geranium endressii

Lathyrus latifolius ›Rose Queen‹

Lathyrus latifolius

Wildstauden locken viele Insekten an

Bewegtes Wasser

Sand als Bodenbelag

verwenden lassen. Wer sich im umfangreichen Gräsersortiment umschaut und dabei immer seinen eigenen Garten im Auge behält, schöpft aus einer unermeßlich reichen Fundgrube. Letztlich können nur die zur Auswahl stehenden Pflanzen, die Gegebenheiten im Garten und der eigene Geschmack den Ausschlag geben, wofür man sich entscheidet.

Im hier gezeigten Gemeinschaftsgarten hätte man anstelle des nicht ganz frostsicheren Riesenfedergrases auch ein anderes Großgras, nämlich *Miscanthus sacchariflorus,* das 2 m hohe Silberfahnengras, wählen können. Diese Staude aus China, Japan und Korea besticht durch die fremdartige Schönheit ihrer silbrigen Blütenähren, die sich ab September entfalten. Die Sorte ›Robustus‹ legt sich zusätzlich um diese Zeit noch eine rotbraune Herbstfärbung zu. Sie ist die einzige Züchtung, die uns diesen interessanten Farbkontrast zwischen Silber und Rot beschert. Die reine Art des Silberfahnengrases blüht bei uns zu spät und wird vom Frost überrascht, ehe sie sich für den Winter vorbereitet hat. *Miscanthus sacchariflorus* ›Robustus‹ stellt im Garten einige, jedoch keineswegs unerfüllbare Ansprüche. So will er nahrhaften, nicht zu trockenen Boden und einen sonnigen Stand. Bei anhaltender sommerlicher Trockenheit sollte man dieses Gras zusammen mit den anderen Gartenpflanzen gründlich wässern, um die Blüte nicht zu gefährden. Für Trockensträuße ist es von ebenso großer Bedeutung wie das Pampasgras, paßt sogar noch besser zu anderen Blumen und Halmen im Gesteck, weil die silbrigweißen Blütenähren graziler wirken. Im Garten kann man *Miscanthus sacchariflorus* überall dort hinsetzen, wo er mit seinen schmalen, überhängenden Blättern und später mit dem Blütenstand zur Geltung kommt – natürlich bevorzugt auch an den Gartenteich.

Gehölze

1.1 Acer campestre 1
1.2 Amelanchier lamarckii 1
1.3 Apfel ›Brettacher‹ 1
1.4 Apfel ›Roter Zigeuner‹ 1
1.5 Buddleja alternifolia 3
1.6 Carpinus betulus 70
1.7 Crataegus prunifolia 2
1.8 Euonymus europaeus 1
1.9 Hauszwetsche 1
1.10 Johannisbeere 3
1.11 Philadelphus coronarius 3
1.12 Prunus avium 1
1.13 Prunus spinosa 1
1.14 Ribes alpinum 3
1.15 Rubus odoratus 16
1.16 Salix purpurea 1
1.17 Salix purpurea ›Nana‹ 14
1.18 Sambucus nigra 2
1.19 Sorbaria sorbifolia 13
1.20 Sorbus aucuparia 2
1.21 Viburnum plicatum ›Mariesii‹ 1

Bodendecker

2.1 Alchemilla mollis 170
2.2 Asperula odorata 70
2.3 Brunnera macrophylla 225
2.4 Geranium endressii 180
2.5 Geranium macrorrhizum ›Spessart‹ 80

Kletterpflanzen

3.1 Aristolochia macrophylla 3
3.2 Clematis montana ›Rubens‹ 7
3.3 Wisteria sinensis 3

Stauden

4.1 Althaea ficifolia 8
4.2 Anemone hupehensis ›Septembercharme‹ 25
4.3 Anemone japonica ›Honorine Jobert‹ 28
4.4 Anemone sylvestris 18
4.5 Aster alpinus 40
4.6 Aster amellus ›Lady Hindlip‹ 30
4.7 Aster cordifolius ›Ideal‹ 6
4.8 Aster dumosus ›Herbstgruß v. Bresserhof‹ 20
4.9 Aster dumosus ›Wachsenburg‹ 20
4.10 Aster sedifolius ›Nanus‹ 80
4.11 Campanula persicifolia 24
4.12 Carex pendula 3
4.13 Carex plantaginea 40
4.14 Chrysanthemum leucanthemum 100
4.15 Deschampsia cespitosa 16

Ein gemütlicher Treffpunkt (A)

Blick auf die Terrasse (B)

4.16 Deschampsia cespitosa ›Goldgehänge‹ 3
4.17 Dianthus carthusianorum 20
4.18 Epilobium angustifolium 52
4.19 Eremurus himalaicus 11
4.20 Festuca mairei 17
4.21 Festuca tennifolia 28
4.22 Fillipendula hexapetala ›Nana‹ 37
4.23 Fragaria vesca 30
4.24 Geranium pratense 50
4.25 Gypsophila repens 30
4.26 Gypsophila repens ›Rosenschleier‹ 20
4.27 Hosta sieboldiana ›Elegans‹ 13
4.28 Lathyrus latifolius 7
4.29 Limonium latifolium 6
4.30 Malva moschata 29
4.31 Nepeta x faassenii 20
4.32 Rodgersia aesculifolium 8
4.33 Rodgersia tabularis 3
4.34 Salvia nemorosa ›Blauhügel‹ 20
4.35 Salvia pratensis 60
4.36 Saponaria ocymoides 30
4.37 Scabiosa columbaria 30
4.38 Sedum telephium 17
4.39 Stipa barbata 39
4.40 Stipa gigantea 6

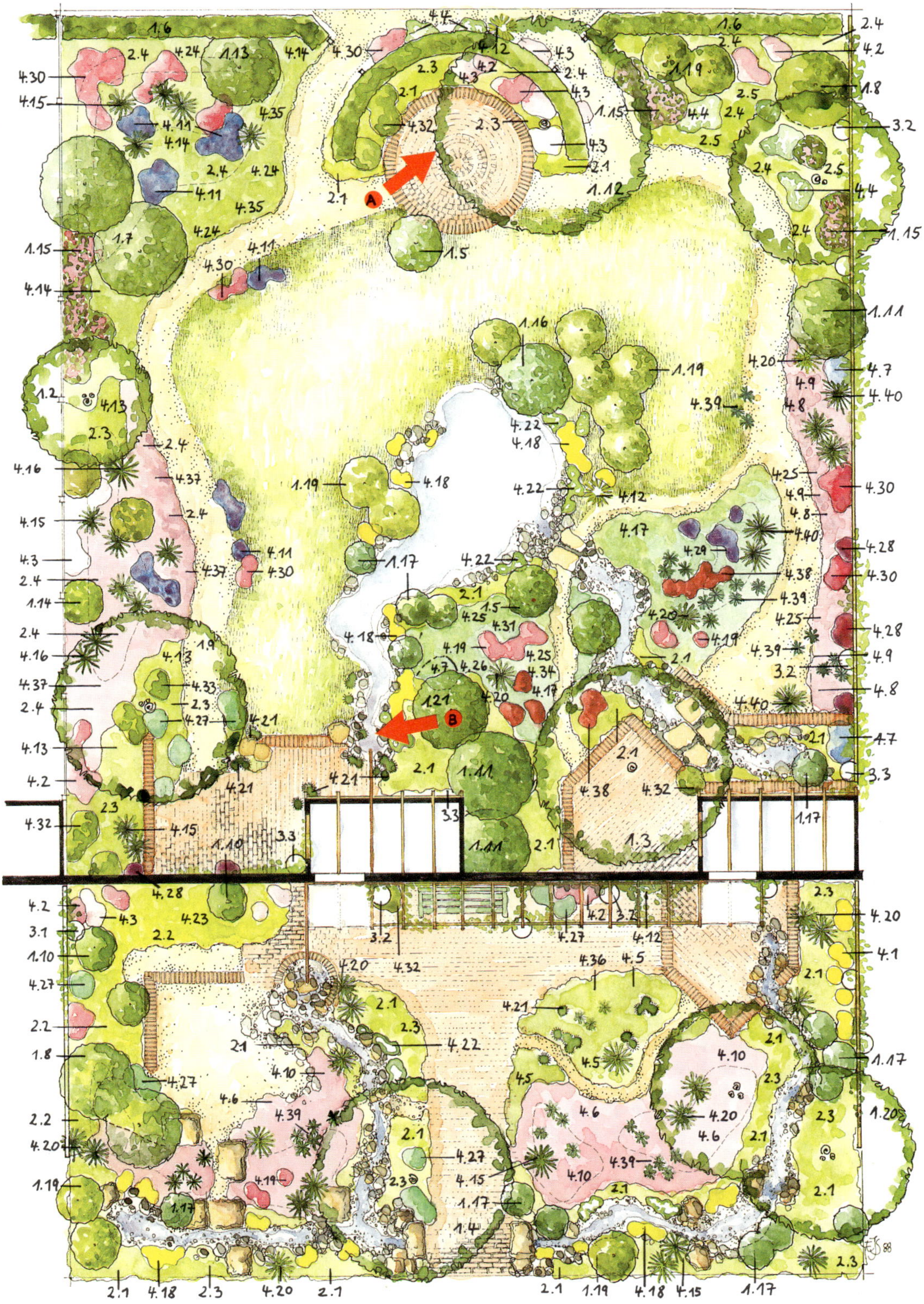

1.6
4.4
1.6
2.4
2.4
4.24
1.13
4.14
4.30
4.12
4.3
4.2
4.30
2.3
4.2
2.4
1.19
1.8
4.15
4.3
4.3
2.5
4.11
4.35
4.32
2.3
1.15
4.4
2.4
3.2
4.14
2.5
2.4
4.24
4.3
2.1
2.5
4.11
4.35
2.1
1.12
4.4
A
4.24
2.4
1.15
1.15
1.7
4.30
4.11
1.5
4.14
1.11
1.16
1.19
4.20
4.7
1.2
4.13
4.9
4.40
4.39
4.8
2.3
4.22
4.18
4.16
2.4
4.18
4.25
4.37
1.19
4.22
4.12
4.9
4.30
4.15
2.4
4.8
4.17
4.40
4.3
4.11
4.29
4.28
2.4
4.37
4.30
4.22
1.17
4.38
4.30
1.14
2.1
1.5
4.39
4.25
4.31
4.20
4.25
4.28
2.4
4.18
1.9
4.19
4.19
4.39
4.9
4.16
4.13
4.25
4.7
4.26
4.34
2.1
3.2
4.8
4.37
4.33
4.17
2.4
2.3
4.20
4.40
1.21
4.27
4.21
B
2.1
4.7
4.13
2.1
4.2
4.21
4.21
2.1
1.11
4.38
4.32
3.3
2.3
3.3
1.17
4.32
4.15
1.10
3.3
1.11
2.1
1.3
4.28
2.3
4.2
4.3
4.23
4.2
3.2
4.27
4.20
3.1
2.2
3.2
4.12
1.10
4.32
4.36
4.5
4.1
4.20
4.27
2.1
4.21
2.3
2.2
2.3
4.22
2.1
1.8
21
4.10
1.17
4.5
4.10
2.3
4.27
4.5
4.6
4.39
4.6
4.20
1.20
2.2
2.1
4.6
2.1
2.3
4.20
4.27
4.15
4.10
4.39
1.19
4.19
2.3
2.1
1.17
1.17
1.4
2.1
2.1
4.18
2.3
4.20
2.1
2.1
1.19
4.18
4.15
1.17
2.3

Eine Mauer im Mittelpunkt

Beschränkung auf wenige Elemente ist die Maxime dieses Gartens; so kann er in seiner Gesamtheit besser zur Wirkung kommen. Wasser und Mauern sind die Hauptkomponenten. Ein Wassergraben, an dessen Rand ein Weg zur Pergola aus Holz führt, unterteilt den Freiraum in einen befestigten Teil direkt am Haus, den intensiver genutzten Bereich des Gartens, und in eine Grünfläche auf der hausabgewandten Seite des Grabens. Raumbildung und Raumgliederung erfolgen durch Mauern. Durch den Wechsel von verdeckten und frei überschaubaren Gartenteilen – die sich teils schmal, teils weit darstellen beziehungsweise schattig oder sonnig sind – entstehen spannungsreiche Blickbeziehungen. Diese verschiedenen Räume bieten dem Besitzer die Möglichkeit vielerlei Nutzung.
So begründen die Architekten den ungewöhnlichen Aufbau dieses Gartens. Er fällt unter anderem durch seine eigenwillige Gestaltung auf. Da ist zunächst der alles beherrschende Eschenahorn *(Acer negundo)*. Es handelt sich dabei um einen bis zu 15 m hohen, meist, wie hier, mehrstämmigen Baum mit breiter, ausladender Krone. Die starke Beschattung, die von diesem Baum ausgeht, betrifft in erster Linie zwar den Gartenbesitzer selbst, der durch die eigenwillige Gestaltung einige Probleme mit den Lichtverhältnissen hat, aber auch den Nachbargarten.
Schattenprobleme gibt es auch am sogenannten Wassergraben. Zwar sind hier keine sonnenhungrigen Seerosen vorgesehen, doch werden auch hier Iris, die volle Sonne benötigen, in den lichtarmen Bereich verbannt. Die drei Körbe mit *Iris laevigata* müssen zudem auch noch mit der Übermacht von sieben Rohrkolben *(Typha shuttleworthii)* fertig werden, die bis zu 1,50 m Höhe erreichen und die Iris damit um das Doppelte überragen. Wenn der von Juni bis Juli andauernde Flor von *I. laevigata* vorbei ist, haben Rohrkolben und die gleichfalls 1,50 m hoch werdende Teichsimse *(Scirpus lacustris)* dann endgültig das Sagen.
Die strenge, geometrische Form des Teiches fügt sich harmonisch in das Gesamtbild, das dieser Garten bietet, ein. Man muß allerdings voraussetzen, daß das Reihenhaus von einem kinder-

Streng gegliederter Vorgarten

Mauern dominieren diesen Garten

Teichsimse, Scirpus lacustris

Hopfen, Humulus lupulus

losen Ehepaar bewohnt wird; denn für Kleinkinder kann der direkt an den Wohnbereich anschließende Wassergraben zur tödlichen Gefahr werden. Andererseits deutet die Pflanzung von drei Eiben *(Taxus baccata)* mit der neueren Sorte ›Festigiata Robusta‹ darauf hin, daß Kinder in diesem Garten ohnedies nicht eingeplant sind. Von den leuchtendroten Früchten der Eibe ist nur der äußere Samenmantel harmlos, die von ihm umschlossenen Samen enthalten ebenso wie alle anderen Teile des Baumes das Alkaloid Taxin. Es führt zur Lähmung des Herzmuskels und oft schon nach zwei Stunden zum Herzstillstand.

Der breite, mit Platten belegte Weg läuft an der mannshohen Mauer entlang. Ein Sitzplatz ist ebensowenig vorgesehen wie Blütengehölze, die spärlichen Pflanzflächen sind Bodendecker, Funkien, Bergenien und Anemonen vorbehalten. Reichlich vertreten ist *Brunnera macrophylla,* das 50 cm hohe Kaukasus-Vergißmeinnicht, das von April bis Juni blau blüht.

Im Vorgarten wurde auf das Begrünen des Bodens oder anderer Bereiche gänzlich verzichtet. Die Idee, bereits hier den Charakter des Hauptgartens vorwegzunehmen, ist sehr gut in die Praxis umgesetzt worden. Folgerichtig trifft man wiederum auf das Mauerelement. In einer mit Splitt bedeckten Fläche stehen in Reih' und Glied ausgerichtet rechts und links des Plattenweges drei Papiermaulbeerbäume aus China, Thailand und Burma *(Broussonetia papyrifera).* Sie erreichen eine Höhe von 3 bis 5 m, sind aber nur im Weinbauklima mit einiger Aussicht auf Erfolg über unsere Winter zu bringen. Sie werden aus diesem Grund kaum angeboten, und man muß schon viel Glück haben, um diese Art in einer Baumschule zu finden. Lediglich die Weiße und Schwarze Maulbeere *(Morus alba* und *M. nigra)* sind in einem süddeutschen, auf seltene Obstarten spezialisierten Betrieb zu erwerben.

Der beschriebene Garten gibt Anlaß, sich einige Gedanken über den Sinn und die Aufgabe des Begleitgrüns an Reihenhäusern zu machen – und nicht nur dort. Ausgangspunkt bei allen Überlegungen zur Gestaltung kann doch nur der

Eschenahorn, Acer negundo

Kaukasus-Vergißmeinnicht, Brunnera macrophylla

Die Mauer gliedert diesen Garten in zwei Teile. Selten findet man als Kletterpflanze den Hopfen, Humulus lupulus, mit seiner interessanten Herbstfärbung in unseren Gärten (A)

Mensch sein, der einen großen Teil seiner Freizeit im Garten verbringen wird. Wenn man den Garten also als Erholungsraum versteht, stellt sich die Frage, wieweit ein großzügiger Umgang mit Materialien wie Stein in Form von Platten oder Mauern überhaupt angebracht und vertretbar ist. Selbst ein Übermaß an Holz als Bauelement wirkt in diesem Zusammenhang kontrovers. Will der Ruhe und Ausgleich suchende Bewohner, nachdem er einen Arbeitstag lang der Hektik unserer hochtechnisierten Umwelt ausgesetzt war, am Feierabend wiederum von leblosen Erzeugnissen eben dieser Technologie umgeben sein? Die Freude am eigenen Garten, das wachsende Interesse am Erhalt der heimischen Natur, die Proteste gegen die Anwendung von Giften im Bereich des Lebendigen weisen doch in eine andere Richtung. Sie machen deutlich, daß es im Garten am Haus nicht darum geht, neue architektonische Räume auszutüfteln, dem Menschen den Umgang mit den dort spärlich wachsenden Pflanzen möglichst leicht zu machen, ihn von den meisten Pflegeaufgaben zu entbinden. Die Ängste, die uns umtreiben, haben ein tieferes Verständnis für Flora und Fauna geweckt, als das noch vor 20 Jahren der Fall war. Was uns der Garten heute bedeutet, was der Grund unserer Hinwendung zu ihm ist, hat der Dichter Rudolf Borchardt in seinem großen Essay »Der leidenschaftliche Gärtner« bereits 1938 vorweggenommen: »Der Garten, eine Ordnung der menschlichen Seele und allen anderen ihrer Ordnungen verwandt, ist eine Ordnung der ganzen Seele und nicht der halben, der tätigen und nicht der schlaffen, und kennt keine ästhetischen Frömmler, es sei denn als den Spazierer, dem er nichts verargt: der Garten will den Gärtner. Die Leidenschaft, an der das Bild eines Gartens sich in der Phantasie entbindet, um sich die Wirklichkeit zu unterwerfen, entstammt nicht der Übersättigung mit Träumerei, sondern der Übersättigung mit Zufügen und Erleiden, der ungetäuschten Einsicht in die Wirklichkeit der Welt des Bösen, dem Atemholen im Drama des Kampfs mit dieser Welt.«

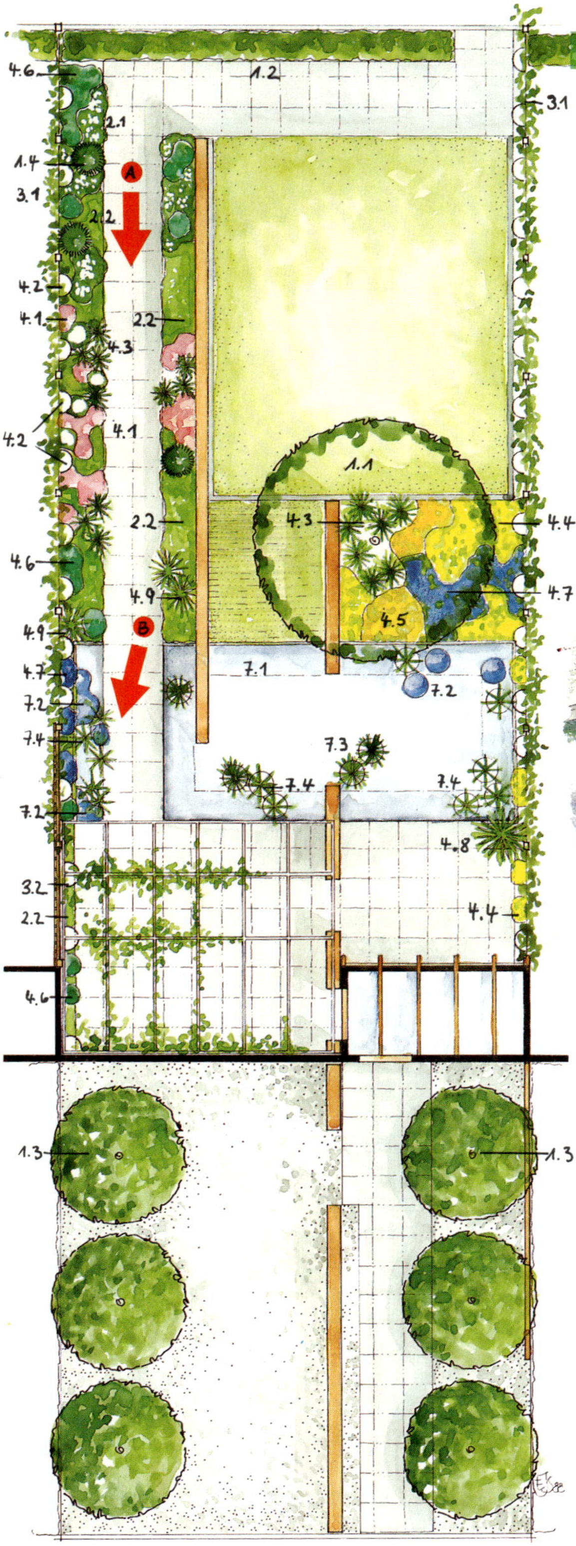

Gehölze

1.1 Acer negundo 1
1.2 Carpinus betulus (Hecke)
1.3 Broussonetia papyrifera 6
1.4 Taxus baccata ›Fastigiata Robusta‹

Bodendecker

2.1 Bergenia-Hybride ›Silberlicht‹ 20
2.2 Brunnera macrophylla 75

Kletterpflanzen

3.1 Humulus lupulus 50
3.2 Celastrus orbiculatus 3

Im Wassergraben sind Iris, Iris laevigata, und Rohrkolben, Typha shuttleworthii, zuhause. Im Hintergrund bildet der Hopfen einen gelungenen Kontrast (B)

Stauden

4.1 Anemone tomentosa 15
4.2 Anemone hupehensis ›Honorine Jobert‹ 5
4.3 Carex morrowii ›Variegata‹ 16
4.4 Hemerocallis citrina 15
4.5 Hemerocallis minor 5
4.6 Hosta plantaginea ›Grandiflora‹ 15
4.7 Iris sibirica ›Caesar‹ 15
4.8 Miscanthus floridulus 1
4.9 Sorgastrum avenaceum (syn. Chrysopogon nutans) 1

Wasserpflanzen

7.1 Hydrocharis morsus-ranae 15
7.2 Iris laevigata 15
7.3 Scirpus lacustris 12
7.4 Typha shuttleworthii 26

Viel Platz für Kinder

Dieser Garten soll den Bedürfnissen einer jungen Familie gerecht werden. Er gliedert sich in zwei Bereiche: ein Teil wurde als Spiel- und Liegewiese mit Sand- und Sitzplatz gestaltet. Dieser Bereich kann später, wenn die Kinder groß sind und der Spielplatz ausgedient hat, als Nutzgartenebene angelegt werden. Anstatt des Sandkastens läßt sich dort ein Brunnen installieren, und unter dem Baum wäre dann Platz für den Kompost. Der andere Teil des Gartens am Haus besteht aus einem vertieften Sitzplatz zum Spielen, Grillen und für Geselligkeit. Als Belag wurde Kies gewählt, die Schwellen bestehen aus Sandsteinen. An ihn schließt eine kleine Terrasse mit einem Belag aus Holzpaneelen, geeignet zum Frühstücken, an. Umgeben sind der Sitzplatz und die Terrasse nach Süden von einer berankten Pergola sowie Stauden- und Gehölzpflanzungen. Berankte Holzlatten, zirka 2 m hoch, geben Sichtschutz nach Westen zur Straßenseite und nach Süden zum Nachbargrundstück.

Der Vorgarten ist übersichtlich gestaltet

Den Vorgarten, der von einem Holzlattenzaun umgeben ist, betritt man durch eine Gartentür. Auf einem Kiesweg, gesäumt von Gehölz- und Staudenflächen, gelangt man über ein kleines Podest ins Haus. Die Stufen bestehen aus Sandsteinschwellen, als Belag wurden Holzpaneele gewählt. Unter dem Hartriegel kann eine kleine Rundbank zum Verweilen aufgestellt werden. Links vom Hauseingang ist Platz für die Mülltonne und für Fahrräder.

Hier ist die Aufgabe, einen ansprechenden Wohngarten zu schaffen, in dem aber auch die

Ein ausgedehnter Sitzplatz lädt ein

Frauenmantel, Alchemilla

Kinder nicht zu kurz kommen, auf geschickte Weise gelöst. Die Rasenfläche wurde von vornherein zum Betreten und Spielen freigegeben; ein Sandkasten gerade in diesem Gartenteil hat also nicht nur symbolische Bedeutung. Ebenfalls als Zugeständnis an die Kinder ist die Süßkirsche in der hinteren Gartenecke zu verstehen, denn sie ragt einladend in den Spielbereich hinein. Im Garten, wie er sich im gegenwärtigen Zustand präsentiert, bleibt sie das einzige Nutzgehölz. Da jedoch bereits bei der Planung die Möglichkeit einkalkuliert wurde, einen Teil des Spielrasens später für Gemüse freizumachen, steht dann auch der Anpflanzung einiger Beerenobststräucher als Sichtschutz nichts im Wege.

Außer durch die Süßkirsche wird der Garten von einigen Blütengehölzen auf der rechten und linken Längsseite geprägt. Zwei Spitzblättrige Spiersträucher *(Spiraea x arguta)* stehen nebeneinander und schaffen hier gemeinsam mit der Süßkirsche im April/Mai durch ihren reichen, weißen Flor Höhepunkte. Benachbarte Strauchrosen ›Schneewittchen‹, ebenfalls weiß, schließen sich im Juni an. *Salvia nemorosa* ›Mainacht‹ öffnet als Vorpflanzung der Spiersträucher ihre tiefblauvioletten Blüten bis in den Juli hinein. Außerdem stehen hier Storchschnabel *(Geranium)*, Glockenblumen *(Campanula)*, Fingerhut *(Digitalis)*, Ehrenpreis *(Veronica)* und als Unterpflanzung Lungenkraut *(Pulmonaria)*. Eine Waldrebe *(Clematis)* und zwei weißblühende, niedrige Rosen ›Swany‹ runden diesen sommerlichen Blütenflor ab. Im September leuchten dann noch einmal Sonnenblumen *(Helianthus)* und Rittersporne *(Delphinium)* in dieser Gartenpartie auf.

In der Fortsetzung zum Haus hin fallen Felsenbirne *(Amelanchier)* mit prachtvoller, bronzeroter Herbstfärbung und eine 3 bis 4 m hohe Robinie (*Robinia pseudoacacia* ›Umbraculifera‹) auf. Man hat sich wahrscheinlich wegen der geringen Wuchshöhe für diese blüten- wie fruchtlose Sorte entschieden, denn die reine Art mit weißen, stark duftenden Blüten, die an 20 cm langen, hängenden Trauben im Juni erscheinen, wird ein bis zu 25 m großer Baum und ist deshalb für Hausgärten ungeeignet. Die schönste Robinie (*Robinia hispida* ›Macrophylla‹) mit rosarotem Flor erreicht nur 2 m Höhe und wäre neben der gleichgroßen *Rosa hugonis* nicht genügend zur Geltung gekommen. Drei Zwergkiefern (*Pinus mugo* ›Mops‹), flachkugelig, nur 50 cm hoch und ebenso breit wachsend, sorgen hier in unmittelbarer Hausnähe auch im Winter für grüne Tupfer.

Passend zum leuchtenden Herbstkleid der Felsenbirne schmückt sich auf der gegenüberliegenden Gartenseite der Feuerahorn *(Acer ginnala)* in dieser Jahreszeit mit gelb bis purpur gefärbten Blättern. Dieser Großstrauch oder kleine Baum wird höchstens 6 m hoch, ist völlig anspruchslos und gedeiht in der Sonne wie im Halbschatten. Daneben begegnen wir noch einmal *Rosa hugonis*, als Nachbar der Schmetterlingsstrauch oder Sommerflieder (*Buddleja davidii* ›Black Night‹) mit 20 cm langen, dunkelvioletten Blütenrispen von Juli bis Anfang September. Weiter finden sich in diesem Bereich der gelb blühende Ranunkelstrauch (*Kerria japonica* ›Pleniflora‹), Funkien *(Hosta)*, Frauenmantel *(Alchemilla)*, Astilben, Eisenhut *(Aconitum)*, Fingerstrauch *(Potentilla)*, Phlox und Glockenblumen *(Campanula)*. Als Rankpflanzen für die Pergola wurden Waldrebe *(Clematis)*, Wilder Wein *(Parthenocissus)*, Kletterhortensie *(Hydrangea petiolaris)* und die öfter blühende, weiße Kletterrose ›Ilse Krohn Superior‹ verwendet. Zwischen Terrasse und Sitzplatz befindet sich ein mit Flußkieseln und zwei Mühlsteinen ausgelegtes Viereck als Quartier von Pflanzen der Feuchtzonen: Riesenseggen *(Carex pendula)* und Sumpfschwertlilien *(Iris pseudacorus)* mit gelben Blütenständen im Juni. Das über die Mühlsteine im Kiesbett verrieselnde

Wasser schafft Stimmung an warmen Sommerabenden und verbreitet Luftkühle. Diese Aufzählung der ausgewählten Pflanzen ist nicht vollständig, aber sie macht deutlich, wie groß die Vielfalt an Gewächsen in diesem Garten ist. Dennoch bleibt noch genügend Platz für den Spielrasen übrig.

Der Vorgarten wird bestimmt von der heimischen Kornelkirsche *(Cornus mas)*, einem 6 m hohen, mehrstämmigen Großstrauch, einer Robinie, zwei Strauchrosen ›Schneewittchen‹, Hortensien, Deutzien und der bodendeckenden Rose ›Swany‹. An Stauden finden sich unter anderem Kleines Immergrün *(Vinca minor)*, Storchschnabel *(Geranium)*, Lungenkraut *(Pulmonaria)*, Glockenblumen *(Campanula)*, Astilben, Phlox und Eisenhut *(Aconitum)*, eine der schönsten blau blühenden Stauden, aber leider hochgiftig. Diese Pflanzungen umrahmen ein Rechteck aus Rasengittersteinen, das, von Gras durchwachsen, einen weiteren freundlichen Kontrast zum Belag des Eingangsbereichs darstellt.

An der hohen Sichtschutzwand aus Holzlatten, die den Einblick auf die kleine Terrasse verwehrt, könnten außer Efeu auch andere ausdauernde Kletterpflanzen verwendet werden. Daneben bieten sich noch einjährige Schlinger an.

Wer seinen sommerlichen Sitzplatz im Garten oder auf der Terrasse einrichtet, hat viele Möglichkeiten, sich gegen neugierige Blicke abzuschirmen. Häufig sind Gehölzpflanzungen als Sichtschutz möglich, oder ein Rankgerüst mit ausdauernden Kletterern schafft Distanz.

Wer noch keine eigenen Erfahrungen mit einjährigen Kletterern gemacht hat, traut ihnen im allgemeinen viel zu wenig zu. Es ist ja auch erstaunlich, daß zum Beispiel Feuerbohnen in der Lage sind, innerhalb ihrer kurz bemessenen Vegetationszeit grüne Wände zu schaffen, Herkuleskeulen und andere Kalebassen mehrere Quadratmeter Mauerwerk hinter ihren grünen Blättern verschwinden lassen oder Glockenreben binnen kürzester Zeit das Rankgerüst dicht machen. Diese erstaunlichen Eigenschaften lassen sich im Garten oder auf der Terrasse in vielfältiger Weise nutzen.

Eine Sichtschutzwand aus Holzlatten verwehrt den Einblick auf die Terrasse (A)

Eine kleine Wasserstelle mit Mühlsteinen belebt den Sitzplatz (B)

Gehölze

1.1 Acer ginnala 1
1.2 Amelanchier laevis 1
1.3 Buddleja davidii ›Black Night‹ 1
1.4 Carpinus betulus (Hecke)
1.5 Caryopteris ›Heavenly Blue‹ 4
1.6 Cornus mas 1
1.7 Deutzia gracilis 4
1.8 Hydrangea sargentiana 3
1.9 Hedera helix ›Arborescens‹ 20
1.10 Kerria japonica ›Pleniflora‹ 2
1.11 Pinus mugo ›Mops‹ 3
1.12 Potentilla fruticosa ›Goldteppich‹ 10
1.13 Prunus (Süßkirsche) 1
1.14 Robinia pseudoacacia ›Umbraculifera‹ 2
1.15 Spirea x arguta 2

Bodendecker

2.1 Geranium platypetalum 50
2.2 Pulmonaria angustiflora ›Azurea‹ 100
2.3 Vinca minor 165

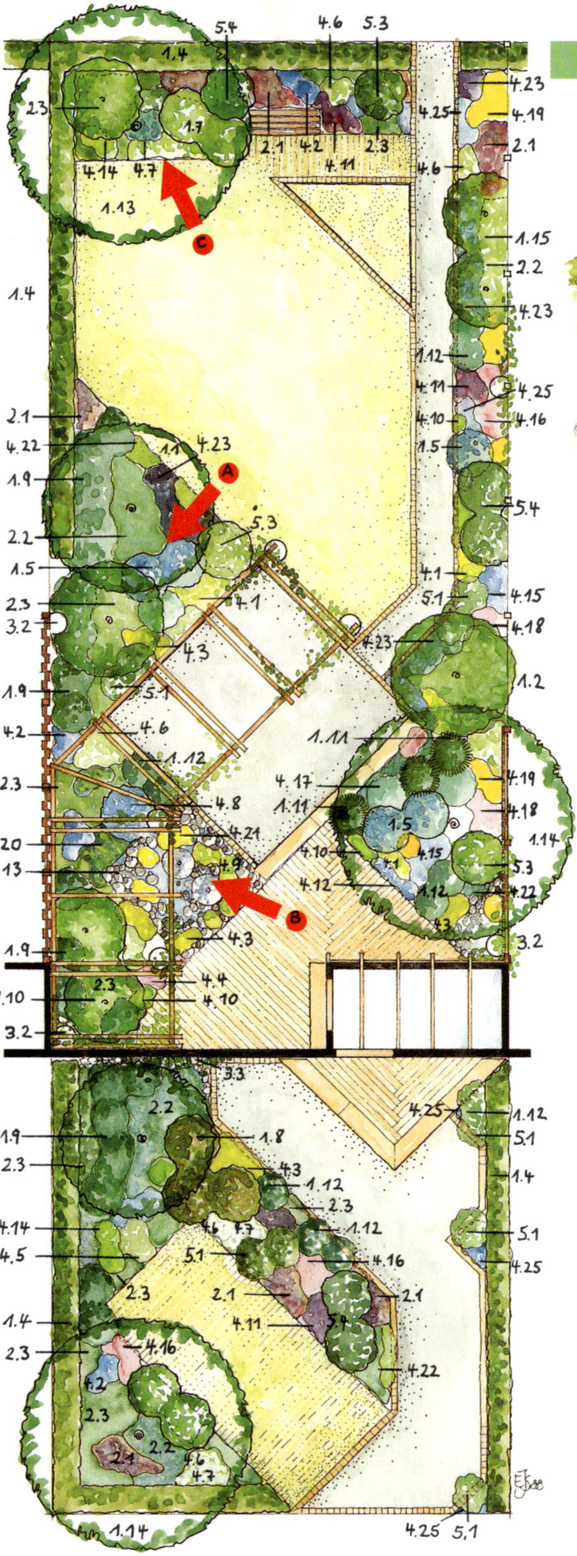

Viel Platz für Kinder

Eine Hainbuchenhecke bietet Sichtschutz (C)

Kletterpflanzen

3.1 Clematis tangutica 3
3.2 Parthenocissus quinquefolia ›Engelmanii‹ 5
3.3 Hydrangea petiolaris 1

Stauden

4.1 Achillea taygetea 15
4.2 Aconitum willisonii 10
4.3 Alchemilla mollis 15
4.4 Alyssum saxatile ›Compactum‹ 5
4.5 Anemone japonica ›Honorine Jobert‹ 5
4.6 Astilbe arendsii ›Brautschleier‹ 14
4.7 Astilbe simplicifolia ›Praecox alba‹ 15
4.8 Calamagrostis acutiflora ›Karl Foerster‹ 1
4.9 Caltha palustris 7
4.10 Campanula carpatica ›Weiss Clips‹ 10
4.11 Campanula glomerata ›Joan Elliot‹ 20
4.12 Campanula poscharskyana ›Blauranke‹ 5
4.13 Carex grayi 5
4.14 Carex pendula 5
4.15 Delphinum ›Völkerfrieden‹ 5
4.16 Digitalis grandiflora 10
4.17 Festuca meirei 3
4.18 Gypsophila paniculata ›Bristol Fairy‹ 5
4.19 Helianthus decapetalus ›Capenoch Star‹ 10
4.20 Hosta undulata ›Univittata‹ 7
4.21 Iris pseudacorus 6
4.22 Phlox subulata ›White Delight‹ 10
4.23 Salvia nemorosa ›Mainacht‹ 26
4.24 Typha minima 5
4.25 Veronica incana 12

Rosen

5.1 Bodendeckerrose ›Swany‹ 9
5.2 Kletterrose ›Ilse Krohn‹ 1
5.3 Rosa hugonis 3
5.4 Strauchrose ›Schneewittchen‹ 5

Wohnen und Gärtnern

Die Entwurfsphilosophie dieser Anlage war bestimmt vom Gedanken, daß ein kleiner Reihenhausgarten ein Gebrauchsgarten sein sollte. Alle formalen Elemente und Ansprüche treten deutlich in den Hintergrund zugunsten des Gebrauchscharakters. Die gestalterische Ausbildung des Gartens ist daher sehr einfach und unprätentiös, auch die verwendeten Materialien bestehen aus einfachsten, industriell gefertigten Produkten, so zum Beispiel Gehsteigplatten aus Beton, Pergola aus Stahlprofilen, Einfassung der Beete aus Bohlen.

Das lange Grundstück gliedert sich in drei Teile: den Vorgarten mit einer flächigen Bepflanzung und dem Hausbaum; die Terrasse in quadratischer Form, überspannt mit einem Rankgerüst und einer kleinen, dahinter liegenden Rasenfläche zum Aufstellen eines Liegestuhls oder für den Sandkasten der Kinder. Spalierobst und Stangenbohnen grenzen diesen Wohnbereich von einem dahinter liegenden Nutzgarten mit Gemüsebeeten, dem Komposthaufen und dem Frühbeetkasten ab. Hier ließe sich zusätzlich ein kleiner Geräteschuppen unterbringen, der auch als Kinderspielhaus genutzt werden könnte.

Stauden empfangen den Besucher

Dieser Garten kann von einer Familie mit zwei oder drei Kindern bewohnt werden und sich mit zunehmendem Alter der Familie verändern. Vorstellbar wäre zum Beispiel die Umwandlung der Rasenfläche in ein Stauden- oder Blumenbeet, oder daß der Nutzgartenanteil steigt und die Bewohner soviel Freude am Gärtnern bekommen haben, daß aus dem Geräteschuppen ein

Zier- und Nutzgarten in einem

Kiwi, Actinida chinensis

kleines Gewächshaus wird. Für die Eltern, denen die Arbeit im Garten zuviel wird, könnte das alles später zu einer kleinen Wildnis zusammenwachsen; sie würde beherrscht von den inzwischen groß gewordenen Obst- und Zierbäumen. Wo formale Ausbildung und sparsamste Materialverwendung bestimmend sind, sollte jedoch die Pflanzung einen äußerst üppigen, wuchernden und lebendigen Eindruck vermitteln. Es soll das Bild eines benutzten und bewohnten Gartens mit einer ansprechenden Vielfalt von sich ausbreitenden Gewächsen entstehen. So sind hier die gartenarchitektonischen und gartenkünstlerischen Aspekte zugunsten des Gedankens »Wohnen und Gärtnern« ganz bewußt sehr weit hintenangestellt worden. Auch die Auswahl der Pflanzen und ihre Zusammenstellung lehnt sich eher an einen vom Laien selbst gestalteten, bunten Garten an und nimmt mit ihren Großstauden wie Akelei, Rittersporn, Pfingstrose, Klatschmohn, Stockrose und Sommerblumen wie Löwenmäulchen und Phlox, außerdem natürlich Rosen und anderen Gehölzen das Thema eines klassischen Hausgartens auf.

Schon der dicht bepflanzte Vorgarten lädt zum Verweilen ein. Um den Zierapfel (*Malus* ›John Downie‹) mit orangefarbenen, rot geflammten und eßbaren Früchten gruppieren sich »Queen-Elisabeth«-Rosen, rosa Dauerblüher bis zum Herbst, und das weiße ›Schneewittchen‹. Auf der anderen Seite des gepflasterten Zugangsweges steht die ebenfalls rosa Blüten entfaltende ›Conrad Ferdinand Meyer‹, eine einmal blühende Strauchrose mit intensivem Duft. Dahinter einige weiße Edelrosen ›Polarstern‹, alles unterpflanzt mit Astern, Storchschnabel *(Geranium)* und Katzenminze *(Nepeta x faassenii)*. An großen Stauden sind hier noch angesiedelt: Phlox, Sonnenhut *(Rudbeckia)*, Stockrosen *(Althaea)*, Tulpen und Narzissen. In diesem freundlichen Entree blüht das ganze Jahr über etwas, beginnend mit der weißen Fülle des Apfels und den Zwiebelblumen bis zur Kissenaster im Herbst. Dazwischen bieten die verschiedenen Blütenfarben der Rosen und Sommerstauden ein abwechslungsreiches Bild.

Der Garten hinter dem Haus ist ein Beispiel dafür, was sich durch geschickte und überlegte Planung mit wenig Platz machen läßt. Die einzelnen Partien bilden in sich abgeschlossene Räume, durch den Einsatz entsprechender Pflanzungen voneinander getrennt und darüber hinaus in die beiden großen Bereiche Zier- und Nutzgarten aufgeteilt. Die von der Pergola überspannte Terrasse ist eingebunden in schmale Beete mit verschiedenen Bodendeckern, dazwischen als höhere Stauden die im Mai/Juni blau blühende Akelei *(Aquilegia vulgaris)*, Anemonen und Malven. An der Pergola ranken Waldreben (*Clematis montana* ›Rubens‹), von Mai bis Juni mit hellrosa Blüten überschüttet, eine bis zum Herbst blühende, feurigrote Kletterrose ›Gruß an Heidelberg‹, zwei Glycinen *(Wisteria)*, und Schlingknöterich *(Fallopia aubertii*, syn. *Polygonum)*. Das kleine Rasenstück, das an die Terrasse anschließt, wird von einer Süßkirsche überschattet, sozusagen ein erster Gruß aus dem Gemüse- und Obstgarten, der etwas weiter hinten beginnt. Jenseits des Gartenwegs erstreckt sich ein etwas größerer Rasenteil, bis in die unmittelbare Nähe des Hauses vorgezogen und ebenfalls von Blumenrabatten gesäumt.

Ein Rankgerüst mit Kiwis schließt diesen Bereich ab und leitet über zu dem dahinter befindlichen Obstgarten. Er wird beherrscht von einem Apfelbaum der Sorte ›Roter Boskoop‹ und der Birne ›Gute Luise‹. Außerdem wurden hier weiße, rote und schwarze Johannisbeeren angepflanzt, dazu zwei Stachelbeersträucher. Gegenüberliegend, auf der anderen Wegseite, erstreckt sich der Gemüsegarten. Wie Kiwis vor dem Obstbereich, wachsen hier Feuerbohnen vor den Gemüsebeeten, so daß man von der Terrasse aus

Glyzine, Wisteria sinensis

nicht direkt auf Kohlköpfe und Zwiebeln blickt. Am Zaun zum Nachbarn wurden dornenlose Brombeeren der Sorte ›Black Satin‹ und Himbeeren als Ergänzung zum anderen Obst untergebracht, direkt an der Grenze außerdem Knöterich und Waldrebe. In der hintersten Ecke befindet sich der Kompostplatz, in einem Garten dieser Pflanzenvielfalt unerläßlich.

Die übersichtliche Gliederung dieser Anlage macht Veränderungen jederzeit möglich. Da Zier- und Nutzgartenteil beiderseits des Mittelweges aneinander grenzen, braucht man keinen aufwendigen gestalterischen Umbau, um den einen Bereich zu Gunsten des anderen zu verkleinern oder zu vergrößern. Das kann soweit gehen, daß die Gemüsebeete völlig aufgegeben werden und von der Pergola an bis zur hinteren Grundstücksgrenze ein reiner Ziergarten eingerichtet wird. Im gegenüberliegenden Obstgarten erschweren lediglich Apfel und Birne derart rigorose Umwandlungen. Aber wo steht denn geschrieben, daß unter Obstgehölzen keine Blumen wachsen dürfen? Daß gerade Apfel und Birne gewählt wurden, ist eine liebenswerte Erinnerung an alte Hausgärten, in denen diese beiden Obstarten nicht fehlen durften. Im Privatgarten sollte man solche Züchtungen bevorzugen, deren Eigenschaften und Ansprüche bekannt sind und bei denen die Anpflanzung unter Berücksichtigung der örtlichen Gegebenheiten und des Klimas, sachgemäße Pflege vorausgesetzt, kaum mit einem Risiko verbunden ist.

Birnen sind im Hausgarten wesentlich seltener anzutreffen als Äpfel. Der Grund ist nicht zuletzt darin zu suchen, daß sich nur wenige Sorten überhaupt lagern lassen, und selbst bei ihnen ist die Haltbarkeit im Obstquartier begrenzt. Es handelt sich also um eine Obstart, die vorwiegend für den Sofortverbrauch bestimmt ist, sich aber außerdem zum Einmachen eignet oder getrocknet werden kann. Birnen benötigen mehr Wärme als Äpfel, besonders die spät reifenden Sorten sind auf lange und warme Sommer angewiesen. In kühlen, sonnenarmen Lagen geht der Baum zwar nicht ein, doch die Qualität des Obstes läßt dann soviel zu wünschen übrig, daß man Birnen dort nicht kultivieren sollte. Als Alternative bei ungünstigen Standorten im Garten bietet sich für die Birne, gerade wegen ihrer Wärmebedürftigkeit, eine Spalierpflanzung vor einer sonnigen Wand an. Wie weit es mit der Befruchtung der beiden in diesem Reihenhausgarten angepflanzten Obstbäume klappt, steht freilich auf einem anderen Blatt. Denn Apfel wie Birne brauchen die Bestäubung durch einen geeigneten Partner. Im Zweifelsfall muß man eine passende Befruchtersorte nachträglich einveredeln lassen, damit eine Ernte überhaupt möglich ist.

Gehölze

1.1 Apfel ›Roter Boskoop‹ 1
1.2 Birne ›Gute Luise‹ 1
1.3 Brombeere ›Black Satin‹ 3
1.4 Himbeere ›Schönemann‹ 3
1.5 Johannisbeere ›Rote Vierländer‹ 1
1.6 Johannisbeere ›Langtraubige Schwarze‹ 1
1.7 Johannisbeere ›Weiße Versailler‹ 1
1.8 Actinida chinensis ›Hayward‹ (Kiwi) 1
1.9 Süßkirsche ›Große Schwarze Knorpel‹ 1
1.10 Stachelbeere 2
1.11 Carpinus betulus (Hecke) 17
1.12 Hibiscus syriacus ›Coelestis‹ 1
1.13 Malus ›J. Downie‹ (Zierapfel) 1

Bodendecker

2.1 Antirrhinum majus ›Nanum‹ (gelb) 10
2.2 Antirrhinum majus ›Nanum‹ (rosa-rot) 10
2.3 Aster dumosus ›Prof. A. Kippenberg‹ 110
2.4 Chrysanthemum paludosum 10
2.5 Erigeron-Hybride ›Sommerneuschnee‹ 6
2.6 Geranium endressii 130
2.7 Geranium macrorrhizum ›Spessart‹ 60
2.8 Nepeta x faassenii 60
2.9 Nigella damascena 10

Im Vordergrund das Staudenbeet; dahinter wachsen Kiwis an einem Rankgerüst

Kletterpflanzen

3.1 Clematis alpina 3
3.2 Clematis montana ›Rubens‹ 2
3.3 Fallopia aubertii 5
3.4 Wisteria sinensis 3

Stauden

4.1 Althaea ficifolia 9
4.2 Aquilegia vulgaris 10
4.3 Anemone japonica ›Honorine Jobert‹ 3
4.4 Chrysanthemum maximum ›Beethoven‹ 1
4.5 Doronicum caucasium 3
4.6 Delphinium-Hybride ›Finsteraarhorn‹ 5
4.7 Helenium-Hybride ›Moorheim Beauty‹ 2
4.8 Hemerocallis flava 2
4.9 Malva moschata 4
4.10 Paeonia officinalis ›Rubra Plena‹ 1
4.11 Papaver orientale ›Catharina‹ 4
4.12 Phlox paniculata ›Pax‹ 13
4.13 Rudbeckia nitida ›Herbstsonne‹ 2
4.14 Rudbeckia sullivantii ›Goldsturm‹ 8

Rosen

5.1 Beetrosen ›Queen Elisabeth‹ 20
5.2 Kletterrose ›Gruß an Heidelberg‹ 1
5.3 Kletterrose ›New Dawn‹ 2
5.4 Strauchrose ›Conrad Ferdinand Meyer‹ 1
5.5 Strauchrose ›Polarstern‹ 10
5.6 Strauchrose ›Schneewittchen‹ 1

Zwiebel- und Knollengewächse

6.1 Dahlia ›Gartenstadt Landau‹ 2
6.2 Dahlia ›Paula Wessely‹ 1
6.3 Narcissus triandrus ›Liberty Bells‹ 20
6.4 Tulipa fosteriana ›Purissima‹ 30

Innenhof mit südlichem Flair

Die geographische Lage Frankfurts zwischen den Weinanbaugebieten Mainfranken, Rheingau, Rheinhessen und Hessischer Bergstraße legte es nahe, den für die Bundesgartenschau 1989 gestalteten »Innenhof« noch enger zu definieren und ihn beispielhaft für ein Weinanbaugebiet zu gestalten. Er gliedert sich in zwei Berei-

Vorgarten

Der Innenhof bietet viel Platz für südländische Kübelpflanzen

che: einen Gartenteil vor dem Haus und den eigentlichen Innenhofgarten, getrennt durch Haus und Hofmauer.

Auf Betonplatten und Klinkern erreicht der Besucher das Haus, wobei der Innenhof durch die Hofmauer noch nicht einsichtbar ist. Im Vorgarten steht als Hausbaum die mit dem Weinbau eng verbundene Walnuß. Direkt neben dem Hauszugang befindet sich ein Sitzplatz, umrahmt mit Weinreben an Spanndrähten. Die in anderen Lagen frostgefährdeten Pflanzenarten wie Mandel, Feige und Strauchpaeonie weisen auf die besonderen klimatischen Verhältnisse dieses Gartens hin.

Den Innenhof betritt man vom Haus aus über einen mit Weinreben überspannten Sitzplatz. Hofmauern, stilisiert mit Pfosten und Platten, und eine geschnittene Hecke auf der dem Haus gegenüberliegenden Seite schaffen die klaren Raumgrenzen des rechteckigen Atriums. Die große, freie und zentrale Hoffläche wird von einer Pinie beherrscht. Am Rand dieses Platzes führt der Weg, entlang der Hofmauer, vorbei an kleinen Pflanzstreifen zur Sitzbank vor der Hainbuchenhecke.

Wie bereits im Vorgarten, drücken auch im Innenhof einige Besonderheiten die weinbauspezifischen Klimaverhältnisse aus: Bitterorangen, Zistrosen und Hibiskus. Daneben wurden Pflanzen bäuerlicher Herkunft verwendet, zum Beispiel Buchs, Strauchrosen und Hasel.

Die Auswahl der Pflanzen schreibt ein mildes Weinbauklima zwingend vor. Krachmandel *(Prunus dulcis var. fragilis* syn. *P. amygdalus),* Pinie *(Pinus pinea),* Bitterorange *(Poncirus trifoliatus),* Feigenbaum *(Ficus carica)* und Walnuß *(Juglans regia)* halten langen Wintern mit ausgedehnten Spätfrösten nicht stand. Da die Zistrose *(Cistus laurifolius)* unmittelbar vor der schützenden Innenhofwand plaziert wurde, hat auch dieses besonders kälteempfindliche Gehölz, das übrigens mit den Rosen nicht verwandt ist und nicht einmal in die Familie der Rosaceae gehört, hier gute Chancen, über die Runden zu kommen.

Pflanzenfreunde, die sich auf südliche Gewächse spezialisiert haben, können in diesem Atriumgarten aus dem vollen schöpfen. Durch eine abwechslungsreiche Gestaltung der Randbereiche mit Kleingehölzen und Stauden wirkt die weitgehend freibleibende, zentrale Fläche nicht leblos, bietet andererseits aber genügend Möglichkeiten, hier Kübelpflanzen aller Art hinzustellen – geeignete Überwinterungsräume im Haus vorausgesetzt. Wer über einen hellen und kühlen Raum verfügt, wird hier alle seine Gewächse gut über die kalte Jahreszeit bringen, auch solche, die ein etwas wärmeres Quartier lieber hätten wie Zitronen und Zierbananen. Einige laubabwerfende Pflanzen, zum Beispiel Fuchsien, Datura, Lagerströmie oder Bougainvillee können sogar völlig dunkel stehen.

Kübelpflanzen, die einige Minusgrade aushalten, brauchen erst verhältnismäßig spät ihren Garten- oder Terrassenplatz zu räumen. Besonders harte Pflanzen können in Gegenden mit erwartungsgemäß sehr milden Wintern sogar im Freien bleiben. In dem hier gezeigten, sehr geschützt liegenden Innenhof wäre das durchaus denkbar. Man sollte die Pflanzen jedoch sicher-

Haselnuß, Corylus avellana

Feige, Ficus carica

heitshalber durch Schilfmatten, mit Laub ausgepolsterter Lochfolie, durch kräftiges Anhäufeln oder eine dicke Decke aus Torf beziehungsweise Fichtenreisig oder Stroh schützen. Zu diesen robusten Kandidaten (verträgliche, kurzfristige Frostgrade stehen mit in der Klammer) gehören Zylinderputzer (*Callistemon,* –5° C), Kassie (*Cassia,* –5° C), Zwergpalme (*Chamaerops,* –15° C), Echte Feige (*Ficus carica,* –15° C), *Lagerstroemia,* –15° C), Lorbeer (*Laurus nobilis,* –10° C), Oleander (*Nerium,* –5° C), Granatapfel (*Punica granatum,* –10° C), Hanfpalme (*Trachycarpus,* –5° C) und Palmlilie (*Yucca,* –5° C).
Eine wichtige, bei manchen Gewächsen wegen ihrer Wüchsigkeit unumgängliche Pflegemaßnahme ist der Schnitt. Meist wird man im Herbst beim Einräumen das Zweiggewirr mit Hilfe der Schere lichten, zu lang Gewordenes einkürzen und Abgestorbenes entfernen. Unerläßlich sind diese Schnittmaßnahmen bei Lagerstroemie, Fuchsie und Bleiwurz *(Plumbago).* Datura schneidet man besser erst im Frühjahr, da beim Einräumen gekürzte Triebe ab der Schnittstelle in großen Teilen zurücktrocknen. Letztlich ist es Erfahrungssache, wie und in welchem Maße man Kübelgewächse auslichtet, verkleinert oder in Form bringt. Einige, wie Palmen, Agaven oder Bananen, werden überhaupt nicht geschnitten. Hier entfernt man nur, was vertrocknet oder abgestorben ist. Das wird meist eine Frühjahrstätigkeit sein, weil im Lauf des Winters, außer bei Agaven, sowieso zahlreiche Triebe vertrocknen oder verwelken.
Viele Kübelpflanzen kann man, sofern der Platz dafür vorhanden ist, in einem großen Kunststoffbehälter mit seitlichen Schlitzen, einem sogenannten Kartoffelkorb, frei im Garten auspflanzen. Im Herbst werden dann mit dem Spaten rings um das Gefäß alle Wurzeln abgestochen, die im Lauf des Sommers hindurchgewachsen sind, der Korb wird an den Griffen aus dem Boden gehoben und ins Winterquartier gebracht. Pflanzen, die auf diese Weise ihre Wurzeln in den umliegenden Gartenboden schicken können, gedeihen besonders gut und stellen mit ihrem Blütenreichtum ihre reinen Kübelkollegen weit in den Schatten. Erwiesenermaßen klappt das hervorragend bei Wandelröschen, Bleiwurz und vor allem Datura. In diesem Innenhofgarten besteht durchaus die Möglichkeit, in dieser Weise zu verfahren und am Rand Platz für Kübel zu schaffen, die dort den Sommer über in die Erde eingesenkt werden.

Thymian umrahmt die Pflanzecke, die unter anderem aus Perovskie (Perovskia abrotanoides), Lavendel (Lavendula angustifolia) und Zistrose (Cistus laurifolius) besteht

Der eigentliche, wenn auch kleine Gartenteil wurde bei diesem Reihenhaus zwangsläufig in den Eingangsbereich verlegt. An Gehölzen ragen hier Walnußbaum, Feige, Mandel und drei einmalblühende gelbe Strauchrosen ›Frühlingsgold‹ heraus. Allerdings sind hinsichtlich der Walnuß *(Juglans regia)* Einschränkungen angebracht, wie sie schon gegenüber dem Ahorn in einem anderen dieser Gärten geäußert wurden. Die Walnuß entwickelt sich zu einem 30 m hohen, weitausladenden Großbaum, der in einem Reihenhaus-Vorgarten im Lauf der Jahre mit Sicherheit über das erlaubte und erwünschte Maß hinauswächst. Nun kann man sich wahrscheinlich auf den Standpunkt stellen, den Baum so lange wachsen zu lassen, so lange er nicht stört und ihn anschließend zu roden. Im allgemeinen macht es jedoch wenig Freude, bereits beim Pflanzen eines Prachtexemplars von Gehölz zu wissen, daß man hier nur ein Provisorium in die Erde bringt. Wie lange die bald schon im zunehmenden Schatten des Blätterdachs stehenden, sonnenliebenden Madonnenlilien *(Lilium candidum)* und Rosen ausreichend blühen, ist eine andere Frage. Strauchpaeonien *(Paeonie suffruticosa),* Storchschnabel *(Geranium),* Gedenkemein *(Omphalodes verna)* und Gartenhortensien (*Hydrangea paniculata* ›Grandiflora‹) dürften sich im diffusen Licht dagegen wohlfühlen.

Innenhof mit südlichem Flair

Gehölze

1.1 Buxus sempervirens var. arborescens 3
1.2 Carpinus betulus 19
1.3 Cistus laurifolius 4
1.4 Corylus avellana 1
1.5 Cotoneaster horizontalis 1
1.6 Ficus carica 1
1.7 Hibiscus syriacus ›Blue Bird‹ 4
1.8 Hydrangea paniculata ›Grandiflora‹ 1
1.9 Juglans regia 1
1.10 Paeonia suffruticosa 4
1.11 Perovskia abrotanoides 4
1.12 Pinus pinea 1
1.13 Poncirus trifoliata 1
1.14 Prunus dulcis (syn. P. amygdalus) ›Dürkheimer Krachmandel‹ 1

Bodendecker

2.1 Geranium ›Biokovo‹ 255
2.2 Omphalodes verna 105
2.3 Thymus pseudolanuginosus 60

Kletterpflanzen

3.1 Parthenocissus tricuspidata ›Veitchii‹ 1
3.2 Vitis vinifera ›Dornfelder‹ 5
3.3 Vitis vinifera ›Gutedel‹ 4

Stauden

4.1 Alchemilla mollis 1
4.2 Amphelopsis brevipedunculata 1
4.3 Hemerocallis citrina 1
4.4 Lavendula angustifolia 18
4.5 Lavatera thuringiaca 9
4.6 Lilium candidum 17
4.7 Linum perenne 20
4.8 Rudbeckia nitida ›Herbstsonne‹ 1
4.9 Ruta graveolens 5

Rosen

5.1 Strauchrose ›Frühlingsgold‹ 3
5.2 Strauchrose ›Grandhotel‹ 5

Kübelpflanzen

9.1 Verschiedene Kübelpflanzen

Bunte Stauden prägen das Bild

Man betritt diesen Vorgarten über einen mit Klinkern befestigten Weg, dessen Ränder locker in die Staudenpflanzung laufen. Bodenbedekkende Wildstauden und einige wenige Solitärgehölze machen den Reiz dieses schlichten Vorgartens aus.

Der längliche Wohngarten wird durch diagonale Flächen und Linien in geschützte Einzelräume gegliedert. Das Material aus dem Vorgarten setzt sich als Pflaster auf der Terrasse fort: Klinker, hier allerdings in quadratischem Format mit Kreuzfugen verlegt. Die Terrasse wird eingefaßt von Staudenbeeten, in denen die Farben Blau, Rosa, Weiß und Violett dominieren. Sparsam verwendete Einzelgehölze gliedern und strukturieren die Bepflanzung. Bestimmendes Element in diesem Garten sind Hainbuchen als Grundstücksbegrenzung und Raumteiler.

Von der Terrasse führt ein Weg um ein leicht abgesenktes Rasenstück durch eine begrünte Stahlpergola zu einem Sitzplatz; er ist durch Pergolaelemente und Kletterpflanzen beschattet und im Schutz der umgebenden Hecken gelegen. Jenseits der Pergola befindet sich ein kleiner Gemüse- und Kräutergarten.

Blumenhartriegel, Cornus kousa

Beim Betreten des Vorgartens fallen neben dem Japanischen Blumenhartriegel *(Cornus kousa)* die vier *Sinarundinaria,* bis zu 4 m hoch werdende Bambusgewächse, auf. Während andere Arten in unseren Wintern unsicher sind, haben *Sinarundinaria murielae,* der Schirmbambus, und *Sinarundinaria nitida,* der Dunkelgrüne Schirmbambus, ihre Frosthärte oft genug bewiesen. Leider sieht man diese wie auch andere dekorative

Diagonal verlaufende Flächen und Wege sind in diesem Garten bestimmend

Schirmbambus, Sinarundinaria nitida

Großgräser in den Hausgärten viel zu selten, vom Pampasgras einmal abgesehen. Allerdings erreichen diese Pflanzen nicht nur doppelte Mannshöhe, sie legen auch im Breitenwachstum so zu, daß in ihrer Nähe alles andere unterdrückt wird. In größeren Anlagen und bei freiem Stand üben Riesengräser eine einzigartige Faszination aus. Das Fremdartige der gewaltigen Pflanzengestalt fällt so offensichtlich aus dem gewohnten Rahmen, daß den Garten selber ein Hauch des Geheimnisvollen umweht.

Das bekannteste hochwachsende Gras unserer Gärten ist das Pampasgras *(Cortaderia selloana)*, das unter günstigen Bedingungen bis zu 3 m hoch werden kann. Als einzige Ausnahme unter den Riesengräsern gehört es heute fast schon zum guten Ton eines größeren Gartens und paßt sich, auch hierin ein Sonderfall, selbst den beengten Verhältnissen eines Vorgartens mit geringen Ausmaßen an. Das liegt vor allem an den schlanken, hochschießenden Blütenfahnen, die in Silberweiß oder Rosabraun die Pflanze krönen. Noch mächtiger, noch höher wird *Arundo donax*, das Pfahlrohr oder Riesenschilf, das mit bis zu 4 m langen Trieben über alle anderen Gartenstauden hinausragt. Dieses Gras braucht wegen seines Umfangs viel Platz um sich herum, und es sollte möglichst sonnig und warm stehen. *Arundo donax* ist das einzige Gras dieser Größe, dessen Heimat in Europa liegt. Man findet es überall rund um das Mittelmeer, daher verlangt es wärmere Standorte und eine gute

Abdeckung im Winter. So können ihm starke Fröste in der Regel nichts anhaben.

Aus China kommend, hat auch das Riesen-Chinaschilf *(Miscanthus floridulus)* den Weg in unsere Gärten gefunden. Dieses gewaltige Gras ist absolut winterhart und erreicht eine Höhe von 3 m. Nach einigen Jahren kann die Pflanze sich so weit ausbreiten, daß sie ringsum einen Platz von ebenfalls 2 bis 3 m benötigt. Das Riesen-Chinaschilf hat den Vorteil, daß man bei der Platzwahl nur von optischen Gesichtspunkten auszugehen braucht; denn dieses Gras wächst auch noch an schattigen oder trockenen Stellen, ohne zu kümmern. Man kann es vor eine Mauer setzen, als Blick- und Begrenzungspunkt in eine Ecke des Vorgartens oder in den Hintergrund des Gartenteichs.

Rings um die Schirmbambusse versammelt sich im Vorgarten eine bunte Staudengesellschaft: Bergenien, verschiedene Storchschnabel *(Geranium)* und Anemonen, Astilben, kleine Gruppen von Lilien, niedriger, bodendeckender Günsel *(Ajuga)*, Fingerhut *(Digitalis)*, aufrecht wachsendes, rosarot blühendes Mädesüß *(Filipendula rubra* ›Venusta‹), Tränendes Herz *(Dicentra)* und Frauenmantel *(Alchemilla mollis)*. Als Bodendekker wurden Schaumblüte *(Tiarella cordifolia)* und Elfenblume *(Epimedium)* gewählt, die beide gut Schatten vertragen.

Im Garten hinter dem Haus begegnet uns dann eine ähnliche Vielfalt, nur daß hier noch Kletterpflanzen und -rosen entlang der Pergola hinzukommen. An größeren Gehölzen fallen Zierapfel und Kolkwitzie ins Auge. Mit *Malus sargentii* wurde einer der schönsten Apfelsträucher aus Japan gewählt, der sich im Frühjahr mit einer Fülle weißer Blüten, im Herbst mit lange haltenden, leuchtenden Früchten und orangegelbem Laub schmückt. Unter dem Gehölz ist die im April/Mai rosaweiß blühende *Bergenia cordifolia* ›Silberlicht‹ angesiedelt, außerdem lilablauer Günsel (*Ajuga reptans* ›Atropurpurea‹), zwei Funkien (*Hosta fortunei* ›Marginato-alba‹), deren graugrüne Blätter sich mit weißem Rand schmücken, und Prachtspieren *(Astilbe chinensis var. pumila)*, die im August und September ihren violettrosa Flor entfalten. Hier kann man es also vom Frühjahr bis Spätsommer blühen sehen. Gegenüber, ebenfalls gleich an der Terrasse, schließt sich im Mai/Juni unmittelbar an den Apfel, teilweise sogar in Überschneidung, der rosarote Flor der Kolkwitzia an. Auch sie wird nur etwa 2 m hoch. Dieses Gehölz aus China rangiert bei Kennern an der Spitze der Frühsommerblüher, ist gleichwohl in unseren Gärten recht selten anzutreffen, obwohl es völlig winterhart und anspruchslos ist. Ihm zu Füßen entfaltet wiederum ein buntes Staudensortiment seinen sommerlichen Flor: verschiedene Astern, Glockenblumen, Storchschnabel, Iris, Salvien, Sommerrittersporn und die niedrige Edelraute (*Artemisia schmidtiana* ›Nana‹). In der Mitte breitet sich der 1 m breite und ebenso hohe Busch von *Rosa muscosa,* der Moosrose, mit dichtgefüllten, intensiv duftenden rosa Blüten aus. Zwei Blaustrahlhafer *(Helictotrichon sempervirens)* bringen sachlichen Kontrast in diese Blütengesellschaft.

Bemerkenswert in diesem Garten ist die schmucklose, lange Pergola aus Stahlelementen, die aber unter der Begrünung nicht weiter auffallen. So ist hier mit drei Exemplaren die Kletterrose ›New Dawn‹ vertreten. Es handelt sich dabei um einen Dauerblüher, der sich bis zum Herbst überreich mit hellrosa, beim Verblühen ins Weiß wechselnden Blüten schmückt. Für eine weitere Kaschierung der Gerüststangen sorgen *Clematis montana,* ein Frühlingsblüher, und *Clematis* ›Mme. Le Coultre‹ mit großen, weißen Blütensternen von Juni bis August. Diese beiden Waldreben wechseln sich also im Flor ab. Die dritte Waldrebe im Bunde ist *Clematis* ›Lasurstern‹, blau blühend den Sommer über bis September. Dazwischen ranken Kletterhortensien *(Hydrangea petiolaris)* und Schlingknöterich *(Fallopia aubertii).* Mit der Hortensie muß man etwas Geduld haben bis sie zum erstenmal ihre breiten, weißen Blütendolden öffnet.

Gehölze

1.1 Carpinus betulus (Hecke)
1.2 Cornus kousa 1
1.3 Kolkwitzia 1
1.4 Malus sargentii 1

Bunte Staudengesellschaft (A)

Bodendecker

2.1 Ajuga reptans ›Purpurea‹ 40
2.2 Ajuga reptans ›Variegata‹ 20
2.3 Alchemilla mollis 17
2.4 Bergenia cordifolia ›Silberlicht‹ 11
2.5 Brunnera macrophylla ›Blaukuppel‹ 6
2.6 Epimedium perralderianum ›Frohnleiten‹ 30
2.7 Hosta fortunei ›Aureomaculata‹ 3
2.8 Hosta fortunei ›Marginato Alba‹ 6
2.9 Nepeta x faasenii 18
2.10 Stachys lanata 9
2.11 Sedum telephium ›Herbstfreude‹ 2
2.12 Tiarella cordifolia 45
2.13 Viola sororia ›Immaculata‹ (syn. V. papilionacea) 10
2.14 Waldsteinia termata 10

Kletterpflanzen

3.1 Clematis ›Lasurstern‹ 1
3.2 Clematis ›Mme le coultre‹ 1
3.3 Clematis montana 2
3.4 Clematis ›Nelly Moser‹ 1
3.5 Clematis ›The President‹ 1
3.6 Hydrangea petiolaris 2
3.7 Fallopia aubertii 3

Stauden

4.1 Anemone hupehensis ›Königin Charlotte‹ 3
4.2 Anemone hupehensis ›Prinz Heinrich‹ 6
4.3 Anemone hupehensis ›Wirbelwind‹ 6
4.4 Artemisia schmidtiana ›Nana‹ 16
4.5 Astilbe chinensis pumila 33
4.6 Aster divaricatus 6
4.7 Aster dumosus ›Royal Blue‹ 1
4.8 Aster dumosus ›Kassel‹ 3
4.9 Aster dumosus ›Prof. Kippenberg‹ 4
4.10 Aster dumosus ›Herbstschnee‹ 1

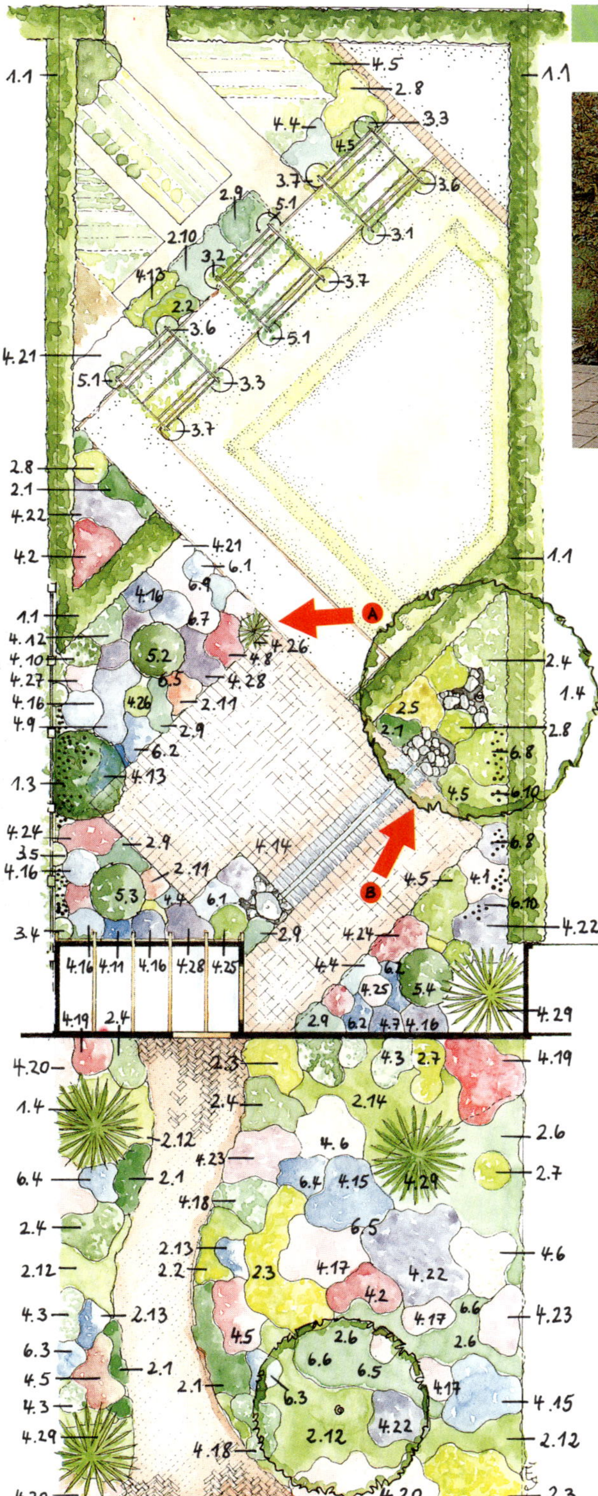

Wasserrinne mit Sickergrube (B)

4.11 Aster dumosus ›Blaue Nachhut‹ 1
4.12 Campanula lactiflora ›Alba‹ 1
4.13 Campanula carpatica ›White Clip‹ 7
4.14 Campanula ›Karpatenkrone‹ 3
4.15 Clematis heracleifolia var. davidiana 6
4.16 Delphinium-Hybride; verschiedene Sorten 6
4.17 Digitalis grandiflorum 10
4.18 Dicentra eximia ›Alba‹ 6
4.19 Filipendula rubra ›Venusta‹ 4
4.20 Geranium ›Spessart‹ 20
4.21 Geranium ›Biokovo‹ 12
4.22 Geranium ›Magnificum‹ 16
4.23 Geranium ›Renardii‹ 10
4.24 Geranium ›Psilostemon‹ 7
4.25 Gypsophila paniculata 1
4.26 Helictotichon sempervirens 2
4.27 Salvia sclarea 1
4.28 Salvia nemorosa ›Mainacht‹ 8
4.29 Sinarundinaria 4

Rosen

5.1 Strauchrose ›Schneewittchen‹ 1
5.2 Strauchrose ›Madame P. Oger‹ 1
5.3 Rosa muscosa 1
5.4 Kletterrose ›New Dawn‹ 2

Zwiebel- und Knollengewächse

6.1 Iris graminea 10
6.2 Iris barbata elat. ›Tyrohen Blue‹ 8
6.3 Lilium bulbiferum 6
6.4 Lilium candidum 6
6.5 Lilium vegale 6
6.6 Narcissus ›Mount Hood‹ 25
6.7 Tulipa ›Athleet‹ 20
6.8 Tulipa ›Attila‹ 20
6.9 Tulipa ›Blenda‹ 25
6.10 Tulipa ›Beach Blossom‹ 20

Viel Platz zum Feiern

Vorgarten

Gedacht ist dieser Reihenhausgarten für eine Familie mit größeren Kindern und vielen Freunden, die sich hier zum gemütlichen Feiern im Grünen zusammenfinden. Der Eingangsbereich ist großzügig gehalten, mit einer Sitzbank vor der Tür zum ruhigen Ausspannen oder auch zum zwanglosen Plausch mit netten Nachbarn.
Ein Abschluß zum Bürgersteig wird durch eine heckenähnliche Pflanzung aus niedrigen Spireen erreicht. Der Hausbaum, hier ein allerdings im ausgewachsenen Zustand 40 m Höhe erreichender Bergahorn *(Acer pseudoplatanus)*, hat Symbolcharakter und ersetzt in diesem Fall auch einen fehlenden Straßenbaum. Dieser Vorstellung des Architekten ist allerdings die Frage gegenüberzustellen, was ein turmhoher Parkbaum im nur 8 m breiten Vorgarten einer Reihenhaussiedlung zu suchen hat. In den ersten Jahren, solange der Baum klein ist, läßt sich eine üppige Staudenpflanzung noch durchführen, die später allerdings schattentoleranten Bodendeckern wird weichen müssen. Die Staudenauswahl wurde so gehalten, daß auch einmal ein großer Blumenstrauß im Vorgarten geschnitten werden kann. Der Wohngarten ist an zwei Seiten durch eine Hainbuchenhecke eingefriedet, und die Südseite erhielt in Abstimmung mit dem Nachbarn einen Holzzaun mit verlängerten Pfosten und jeweils einem Pergolabalken.
Direkt am Haus befindet sich ein kleiner Sitzplatz, von dem man über drei weit auslaufende Stufen auf den großen, vertieften Aufenthaltsbereich gelangt. Dieser Platz ist auf der Nordseite

Der vertieft gelegene Sitzplatz bestimmt den Charakter dieses Gartens

Waldrebe, Clematis

begrenzt durch eine Steinsitzbank, die vielen Gästen eine Sitzmöglichkeit bietet, und diese wiederum ist hinterpflanzt mit Rosen und Stauden als bunter Abwechslung vor der grünen Hainbuchenhecke.

An der Nordseite des vertieften Sitzplatzes befindet sich ein Quellstein aus einem durchbohrten Findling. Das Geräusch des umlaufenden, plätschernden Wassers hat den Effekt einer angenehmen, dezenten Geräuschkulisse. Außerdem wird das Kleinklima an heißen Sommertagen durch eine derartige Wasserstelle verbessert. Bei der Bepflanzung wurde Wert darauf gelegt, daß eine Vielfalt von unterschiedlichen Gewächsen Verwendung fand. So wird der hintere Gartenteil geprägt durch einen Zierapfel und eine Gruppe aus Rhododendren und Azaleen. Die flächig angepflanzten Primeln fühlen sich unter dem Apfelbaum besonders wohl, weil sie hier im zeitigen Frühjahr bei der Blüte viel Licht erhalten und im Sommer durch das Blätterdach des

Quellstein

Gehölzes im Halbschatten stehen. Im Bereich des Quellsteins dominiert ein Bambus, in der flächigen Bepflanzung sind es Japanseggen, die durch ihre immergrünen Büschel auch im Winter hübsch anzusehen sind.

Sowohl im Vorgarten als auch im bepflanzten Bereich hinter dem Haus fällt die Flächenausnutzung durch verschiedene Bodendecker auf. Dieser grüne Teppich stellt gewissermaßen die »Auslegeware« dar, auf der die Blütenstauden drapiert sind. Vor dem Haus wie im hinteren Teil wurden größere Partien mit dem nur 10 cm hohen, polsterbildenden Stachelnüßchen *(Acaena buchananii)* bepflanzt; dazu Fetthenne *(Sedum album)* mit der Sorte ›Coral Carpet‹, deren grünes Laub sich im Winter bronzerot färbt. Ferner sind an Bodendeckern in beiden Gartenteilen die Fingersegge *(Carex digitata)*, ein feingliedriges Gras besonders für Gehölzunterpflanzungen, und das Kleine Immergrün *(Vinca minor)* vertreten. *Carex morrowii*, die schon erwähnte Japansegge, wurde der kleinen Partie mit dem wasserüberfluteten Quellstein benachbart, wo auch *Iris sibirica*, die Sibirische Wieseniris, als Gehölz die kaum einen Meter hoch werdende Strauchweide *(Salix repens ssp. argentea)* das ihnen zukommende Plätzchen gefunden haben. Sehr gut paßt hierher der Fächerahorn (*Acer palmatum* ›Dissectum viride‹), der nur 2 m hoch, doch mindestens ebenso breit wird und mit seinen lebhaft grünen, feingeschlitzten Blättern in die Wasserzone hineinragt. Im Herbst färbt sich das Laub leuchtend goldgelb. Zwei Waldreben *(Clematis jackmanii)* und die im Frühsommer blühende *Clematis montana* sowie ein Geißblatt (*Lonicera* ›Dropmore Scarlet‹) mit roten Blüten von Sommer bis Herbst bilden den Hintergrund der Wasserlandschaft. Zu beiden Seiten wird sie flankiert vom Feinhalm-Chinaschilf oder Eulaliagras (*Miscanthus sinensis* ›Gracillimus‹) und dem Schirmbambus *(Sinarundinaria murielae)*.

Im Sommer braucht Bambus, im Gegensatz zu den meisten anderen Gräsern – ausgenommen natürlich Bewohner von Feuchtgebieten – Pflege durch rechtzeitiges Wässern bei Trockenheit. Besonders im Herbst sollte man ihn, wie die

anderen Immergrünen auch, noch einmal durchdringend und nachhaltig gießen, um der sogenannten Frosttrocknis vorzubeugen.
Das in diesem Garten im Bereich der Wassersteine stehende Chinaschilf begegnet uns übrigens im Vorgarten noch einmal mit zwei Exemplaren, eines davon wiederum einem Japanischen Fächerahorn zugesellt. Dieser Garten ist ein Beispiel dafür, viele unterschiedliche Pflanzen auf wenig Raum unterzubringen.

Rosen blühen den ganzen Sommer über (A)

Gehölze

1.1 Acer palmatum 1
1.2 Acer palmatum dissectum ›Viride‹ 1
1.3 Acer pseudoplatanus 1
1.4 Buxus sempervirens 3
1.5 Brombeeren ›Thornless Evergreen‹ 2
1.6 Carpinus betulus 135
1.7 Deutzia rosea 1
1.8 Genista ›Lydia‹ 1
1.9 Hibiscus ›Blue Bird‹ 1
1.10 Kerria japonica ›Pleniflora‹ 1
1.11 Malus zumi ›Prof. Sprenger‹ 1
1.12 Nothofagus antarctica 1
1.13 Rhododendron mollis 3
1.14 Rhododendron praecox 1
1.15 Rhododendron repens ›Baden-Baden‹ 3
1.16 Rhododendron ›Cunningham's White‹ 3
1.17 Salix repens ssp. argentea 1
1.18 Viburnum opulus ›Roseum‹ 1
1.19 Spirea albiflora 5
1.20 Spirea ›Little Princess‹ 32

Bodendecker

2.1 Acaena buchananii 180
2.2 Carex morrowii 90
2.3 Sedum album ›Coral Carpet‹ 65
2.4 Tiarella cordifolia 60
2.5 Vinca minor 185

Kletterpflanzen

3.1 Clematis x jackmanii 1
3.2 Clematis montana ›Rubens‹ 2
3.3 Lonicera ›Dropmore Scarlet‹ 1
3.4 Lonicera ›Heinrich VI‹ 2

Stauden

4.1 Aconitum ›Spark‹ 2
4.2 Achillea filipendulina ›Coronation Gold‹ 3
4.3 Alchemilla mollis 6
4.4 Alyssum saxatile 2
4.5 Anemone pulsatilla 1
4.6 Aquilegia alpina 3
4.7 Aster amellus 3
4.8 Aster alpinus ›Dunkle Schöne‹ 5
4.9 Aster dumosus ›Kassel‹ 5
4.10 Aster dumosus ›Prof. Kippenberg‹ 3
4.11 Aubrietia ›Blaumeise‹ 5
4.12 Aubrieta ›Neuling‹ 3
4.13 Campanula ›Blue Clips‹ 5
4.14 Campanula ›White Clips‹ 5
4.15 Campanula glomerata ›Superba‹ 5
4.16 Carex digitata 30
4.17 Centranthus ruber ›Coccineus‹ 3
4.18 Chrysanthemum coccineum ›E. M. Robinson‹ 3
4.19 Delphinium ›Finsteraarhorn‹ 3
4.20 Dianthus ›Rotkäppchen‹ 3
4.21 Erigeron ›Dunkelste Aller‹ 6
4.22 Erigeron ›Foerster Liebe‹ 3
4.23 Euphorbia polychroma 1
4.24 Geranium platypetalum 2
4.25 Geum borisii 10
4.26 Helanthemum canum 2
4.27 Helianthemum ›Rubin‹ 1
4.28 Helianthus ›Golden Queen‹ 1
4.29 Heliopsis ›Spitzentänzer‹ 3
4.30 Hosta longifolia 3
4.31 Hypericum polyphyllum 7
4.32 Inula magnifica 1
4.33 Iris ›Elfenbeinreigen‹ 8
4.34 Iris ›Tropic Night‹ 3
4.35 Kniphofia 1
4.36 Lavendula officinalis ›Hidcote Blue‹ 13
4.37 Liatris spicata 3
4.38 Ligularia przewalskii 3
4.39 Linum perenne 2
4.40 Miscanthus sinensis ›Gracillimus‹ 3
4.41 Chrysanthemum ›Maistern‹ 15
4.42 Phlox subulata ›Maischnee‹ 3

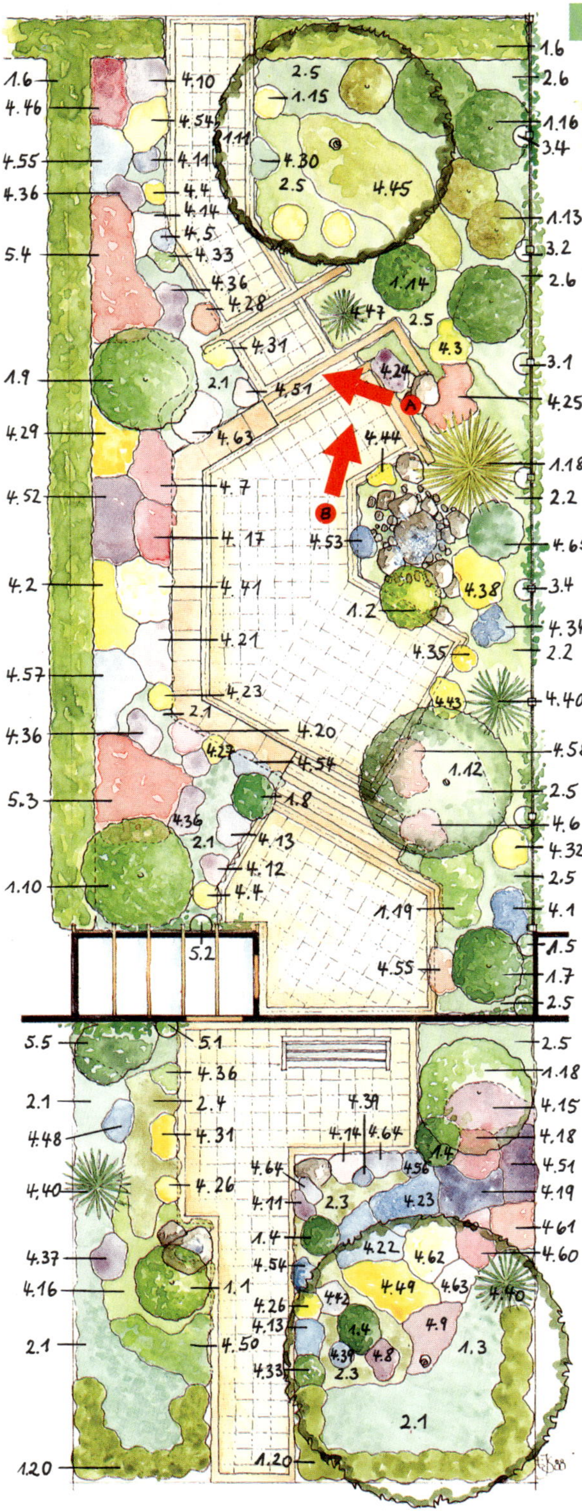

Viel Platz zum Feiern

Eine Gruppe Rhododendren und Azaleen sind im lichten Schatten gepflanzt (B)

4.43 Primula japonica 3
4.44 Primula bulleyana 3
4.45 Primula ›Oberschlesien‹ 55
4.46 Phlox paniculata ›Aida‹ 4
4.47 Penisetum ›Hameln‹ 1
4.48 Platcodon ›Mariesii‹ 2
4.49 Rudbeckia ›Goldsturm‹ 3
4.50 Saxifraga umbrosa 25
4.51 Saxifraga ›Aizoon‹ 3
4.52 Salvia ›Ostfriesland‹ 8
4.53 Tradescantia ›Blue Stone‹ 1
4.54 Veronica incana ›Knallblau‹ 6
4.55 Veronica longifolia ›Blauriesen‹ 3
4.56 Viola cornuta 2
4.57 Delphinium ›Völkerfrieden‹ 3
4.58 Astilbe pumila 7
4.59 Thymus coccineus 10
4.60 Phlox panniculata ›Fesselballon‹ 3
4.61 Phlox panniculata ›Pax‹ 3
4.62 Chrysanthemum ›Silberprinzessin‹ 3
4.63 Gypsophila ›Bristol Fairy‹ 3
4.64 Thymus coccineus 10
4.65 Sinarundinaria murielae 1

Rosen

5.1 Rosa ›Lawinia‹ 1
5.2 Rosa ›Gruß an Heidelberg‹ 1
5.3 Rosa ›Make-up‹ 12
5.4 Rosa ›Montana‹ 12
5.5 Strauchrose ›Schneewittchen‹ 2

Architektonischer Garten in Holz

Hier finden wir, was in anderen Gärten nur als Solitär anzutreffen ist: eine ganze Hecke aus Schirmbambus *(Sinarundinaria murielae)*. Die bis zu 3 m hohen, immergrünen und von Jahr zu Jahr dichter werdenden Großgräser schirmen den Garten an seiner hinteren Schmalseite ab, passen außerdem hervorragend zum Werkstoff Holz, der hier eine tragende, die ganze Anlage prägende Rolle spielt. Schwerpunktmäßig sind auch einige Pflanzengruppen eingesetzt worden: Rosen, das Chinaschilf (*Miscanthus sinensis* ›Gracillimus‹ und *Miscanthus sinensis* ›Silberfeder‹) mit silbrigweißen Blütenähren von Juli bis Oktober, *Yucca filamentosa,* die winterharte Palmlilie mit den bekannten, turmhohen, weißen Blütenständen, Rittersporn (*Delphinium* ›Finsteraarhorn‹), violett/blau blühend von Juni bis Juli, *Rudbeckia* und *Phlox paniculata.* Merkmale dieser Anlage sind die Rundpergola und der rechtwinklige, langgestreckte Teich.

Rosen laden ein

Es wurde an anderer Stelle gesagt, daß die Verwendung von Baustoffen einschließlich Holz nicht zu Lasten der Bepflanzung gehen sollte. Das trifft auf diesen architektonischen Garten, in dem Wegebelege, Terrasse und Pergola zur Gänze aus diesem naturnahen Material bestehen, nicht ohne weiteres zu. Holz wurde hier nicht zufällig gewählt und verbaut, sondern ist als zentrales Element Ausdruck des Gesamtbildes. Da auch die Bepflanzung statisch in aufeinander abgestimmten Gewächsgruppen angelegt ist und der geometrisch streng geformte Teich

Holz – das dominierende Gestaltungselement

Seerose ›Rosennymphe‹

nahtlos in das Konzept eingefügt wurde, entstand ein strenger, vom Aufbau her logischer Garten. Im Gegensatz zum Beispiel zu Natursteinen stellt Holz das den lebenden Pflanzen am engsten verbundene Material dar, weil es selbst pflanzlichen Ursprungs ist.

Interessant ist die Auswahl der Rosen, die für diesen Garten getroffen wurde. Der Eingang an der Straße wird flankiert von vier Edelrosen ›Carina‹, die besonders lange und reich rosarot blühen; außerdem finden wir beidseits des Weges zwei Gruppen mit der Beetrose ›Sarabande‹, die rot und nur schwach gefüllt bis zum Frost blüht. Diese robuste, niedrig bleibende Züchtung wird bevorzugt für flächige Pflanzungen verwendet. An der Hauswand findet dieses Ensemble durch die tief dunkelrote, öfterblühende Kletterrose ›Sympathie‹ seine Vervollständigung. Im Garten hinter dem Haus begegnen uns dann wiederum zwei größere Gruppen ›Sarabande‹; dazwischen sechs Stöcke lachsrosa und gefüllt blühende ›Märchenland‹, eine bis zu 1,50 m hoch wachsende Beetrose. An den das Grundstück umgrenzenden Holzzaun wurden neun dauerblühende ›Schneewittchen‹ gepflanzt, an der Rundpergola rankt ›New Dawn‹, weißrosa blühend bis weit in den Herbst hinein.

Obgleich Rosen nicht sonderlich pflegeintensiv sind – wer so viele Stöcke zu betreuen hat, wie es in diesem Reihenhausgarten der Fall ist, muß dennoch einige Grundregeln der Kultur kennen. Das beginnt mit dem meist zwar notwendigen, in seinem Schwierigkeitsgrad aber weit überschätzten Schnitt. So merkwürdig es klingt: die wichtigste, am längsten anhaltende und einfachste Schnittmaßnahme wird im Sommer durchgeführt. Einen ausdauernden Flor mit immer neuen Blüten erreicht man nämlich nur, wenn ständig alles Verwelkte entfernt wird. Das gilt auch für die einmal blühenden Formen, die dadurch freilich nicht zu Dauerblühern werden. Geschnitten wird so, daß zwei Blätter unterhalb der Blüte der Schere zum Opfer fallen. Der »richtige« Rosenschnitt, also das Entfernen von Ästen und Trieben, findet im Frühjahr statt.

Generell muß man wissen, daß Rosen am jungen Holz blühen, das heißt an den Trieben, die im Frühjahr aus den Knospen hervorsprießen. Die dicksten Augen, die ganz oben an den Zweigen des Vorjahrs sitzen, werden als erste lebendig und bilden das neue Grün. Dort öffnen sich dann auch die Blüten. Die weiter unten befindlichen Knospen regen sich erst etwas später. Wer also im Frühjahr die Spitzen der alten Zweige wegschneidet, muß länger auf den Flor warten. Je mehr er wegnimmt, desto mehr Zeit vergeht bis zum Blühbeginn; denn, wie gesagt, die Triebentwicklung verläuft von oben nach unten.

Man wird bei seinen Rosen also vor allem das vertrocknete oder erfrorene Holz entfernen, auch Zweige, die so nach innen wachsen, daß sie andere Triebe beim Weiterkommen behindern, ihnen Licht und Luft nehmen. Natürlich ist bei sehr dicht stehenden Beetrosen mehr herauszuschneiden als bei Stöcken mit weitem Stand, selbst wenn man weiß, daß dadurch der Blütenflor verringert wird. Im Endeffekt sieht es aber doch anders aus, denn bei einem Gewirr von schattenwerfenden Zweigen mit dichtem Blattwerk ist es mit der Blühwilligkeit nicht weit her. Obwohl es für den Schnitt der Rosen in der Tat ziemlich verzwickte Empfehlungen gibt und obwohl man selber bei genügend Erfahrung und unter Berücksichtigung von Sorte, Wuchsform und Stand diese oder jene Schnittvariante ausfindig machen wird, mag eine Faustregel unbeschadet der Richtigkeit spezieller Feinheiten für den Hausgarten Gültigkeit haben: lieber zurückhaltend schneiden als radikal mit der Schere herumfuhrwerken, den Strauch licht und luftig, aber nicht unbedingt kurz halten, altes, vertrocknetes Holz ohne Zögern entfernen, und bei jungen Trieben erst abwägen, dann schneiden.

Bei Kletterrosen, die an ein und demselben Trieb mehrere Jahre lang blühen, werden nur die wirklich alten Ranken direkt am Boden abgeschnitten, um das Nachwachsen neuer Blütentriebe zu fördern. Die blütentragenden Seitentriebe sollten nicht älter als vier Jahre werden, weil dann der Flor nachläßt.
Als Bodendecker ist in diesem Garten die Fetthenne (*Sedum floriferum* ›Weihenstephaner Gold‹) dominierend. Dieser dichte Teppiche bildende, nur 15 cm hohe und im Juli gelb blühende Zwerg bedeckt Flächen im Vor- wie im Hauptgarten. Weiteres Bodengrün sind Katzenminze (*Nepeta x faassenii*) und Salbei (*Salvia nemorosa* ›Mainacht‹), der im Juni/Juli seine lilablauen, nur wenig duftenden Blüten öffnet.
Im Gartenteich beschränkte man sich auf drei Gruppen von Wasserpflanzen: die blaugrüne Binse *Juncus inflexus,* den 1,50 bis 2 m groß werdenden breitblättrigen Rohrkolben *Typha latifolia* und drei verschiedene Seerosen: *Nymphaea alba,* (weiß), *Nymphaea odorata* ›Rosennymphe‹ (hellrosa), und *Nymphaea odorata* ›Sulphurea‹ (gelb).

Die Rundpergola lädt zum Verweilen ein (A)

Bodendecker
2.1 Nepeta x faassenii 150
2.2 Salvia ›Mainacht‹ 150
2.3 Sedum floriferum ›Weihenstephaner Gold‹ 500

Kletterpflanzen
3.1 Clematis montana ›Rubens‹ 15

Stauden
4.1 Coreopsis verticillata 24
4.2 Delphinium ›Finsteraarhorn‹ 25
4.3 Miscanthus ›Gracillimus‹ 6
4.4 Miscanthus ›Silberfeder‹ 4
4.5 Phlox paniculata ›Landhochzeit‹ 34
4.6 Rudbeckia ›Goldsturm‹ 24
4.7 Rudbeckia ›Herbstsonne‹ 10
4.8 Sinarundinaria 14
4.9 Yucca filamentosa 24
4.10 Sedum telephium ›Herbstfreude‹ 40

Rosen
5.1 Rosa ›Carina‹ 8
5.2 Rosa ›Märchenland‹ 6
5.3 Rosa ›New Dawn‹ 9
5.4 Rosa ›Sarabande‹ 72
5.5 Rosa ›Schneewittchen‹ 9
5.6 Rosa ›J. Schubert‹ 2
5.7 Rosa ›Sympathie‹ 5

Zwiebel- und Knollengewächse
im Garten verteilt sind
Lilium candidum 150
Narcissus ›Thalia‹ 200
Tulipa ›Füsilier‹ 250
Tulipa ›Madame Blanche‹ 200

Geometrisch geformter Teich (B)

Binse (Juncus) und Rudbeckie (Rudbeckia) (C)

Wasserpflanzen

7.1 Juncus inflexus 18
7.2 Nymphaea alba 4
7.3 Nymphaea odorata ›Rosennymphe‹
7.4 Nymphaea odorata ›Sulphurea‹ 14
7.5 Thypha latifolia 12

Kübelpflanzen

9.1 Chrysanthemum frutescens 5
9.2 andere Kübelpflanzen

Ein Zimmer im Freien

Bei einer Familie mit zwei bis drei Kindern sollte ein kleiner Garten den unterschiedlichen Ansprüchen der Bewohner gerecht werden. Hier ging man von der Grundvorstellung aus, ein »Zimmer im Freien« zu gestalten. Leichte Terrassierung und eine sanfte Geländemodellierung schaffen kleinräumige Gartensituationen. Wenige niedrige Stufen, die für Kleinkinder kein Hindernis darstellen, und die verschiedenen, aufeinander abgestimmten Flächenbeläge ergeben zusammen mit einer abwechslungsreichen Gestaltung eine harmonische Anordnung der unterschiedlichen Funktionsräume. So bietet der ganze Garten genügend Platz für Spiel, Hobby und Erholung.

Der Sitzplatz im Garten lädt zum Feiern, Verweilen und Spielen gleichermaßen ein; der Sandkastenbereich kann, wenn er nicht mehr benötigt wird, zum Beispiel in ein Blumen- oder Kräuterbeet umgewandelt werden. Die Holzterrasse ist von Form und Material her ebenso rustikal wie repräsentativ und bietet dank der schnelleren Erwärmung schon bei niedrigen Außentemperaturen Spielmöglichkeiten für die Kinder. Eine vorwiegend aus Stauden bestehende Pflanzung, in der auch der Hausbaum berücksichtigt wurde, gibt diesem kleinen Garten einen blühenden Rahmen.

Im Vorgarten dominiert die Einfachheit und eine klare Funktionalität. Die flächendeckende und einfach zu pflegende Rosenpflanzung ist mit einigen Sträuchern aufgelockert. Durch eine geschickte Blütenfarbenwahl wird im Rosenmonat Juni ein äußerst ansprechender Anblick geboten; das freundliche Bild in Rot und Weiß mit den beiden hier verwendeten Dauerblühern läßt sich bis in den Herbst hinein bewundern. Die Rosenpflanzung mit insgesamt 90 niedrig wachsenden Exemplaren setzt sich folgendermaßen zusammen: links des Weges an der Straße beginnend mit ›Rote Max Graf‹ mit einfachen, blutroten Blüten; darauf die stark gefüllte, weiße Dauerblüherin ›Swany‹ und am Haus, rosarot und leicht duftend, ›Heidekind‹. Gegenüber in derselben Reihenfolge ›Fiona‹, dunkelrot, gefüllt und bis zum Herbst in Flor stehend, gefolgt wiederum von ›Swany‹, und abschließend ›Roter

Die abwechslungsreiche Gestaltung bietet für jeden etwas

Ranunkelstrauch, Kerria japonica

Max Graf‹. Über diese bodendeckenden Büsche erhebt sich der Straucheibisch *Hibiscus syriacus* ›Red Heart‹, eine neuere, reinweiße Sorte, großblumig und mit tiefroter Mitte. Drei dieser ab Juli blühenden Ziergehölze wurden hier nebeneinander gesetzt, was die Leuchtkraft der Farben noch erhöht. *Taxus cuspidata* ›Nana‹, eine früh austreibende, sehr robuste, auch Schatten vertragende Zwergform der Eibe ist im Vorgarten ebenfalls dreimal vertreten. Da bei diesem Garten von einer Familie mit Kindern ausgegangen wurde, eine wegen der giftigen Eibenfrüchte etwas problematische Wahl. *Malus* ›Liset‹ ist ein sehr schöner Zierapfel, purpurrot blühend und mit dunkelrotem Laub sowie hellroten Früchten im Herbst. Ergänzt wird dieser »Hausbaum« durch den Gemeinen Schneeball *(Viburnum opulus)* mit seiner Sorte ›Roseum‹; der Strauch blüht im Mai/Juni mit großen, kugeligen Blütenbällen, die zuerst reinweiß, später rosa gefärbt sind. Außerdem stehen hier zwischen den Rosen noch fünf Zierquitten, *Choenomeles* ›Crimson and Gold‹ mit dunkelroten, auffallenden Blüten im Frühjahr, und fünf Spiersträucher *(Spiraea x arguta)*, die zur gleichen Zeit mit weißen Doldentrauben strahlen.

Unmittelbar am Haus öffnet *Kerria japonica* ›Pleniflora‹, der kaum 2 m hohe Ranunkelstrauch, im Mai/Juni seine goldgelben, dichtgefüllten Blüten, weit überragt von der bis zu 10 m hohen Parrotie *(Parrotia persica)*. Das Laub dieses bemerkenswerten Großstrauches aus Persien ist beim Austrieb bronzerot, den Sommer über grün und färbt sich schon ab September goldgelb. Die von braunen Hochblättern umgebenen Blüten fallen durch vorstehende, lebhaft rote Staubgefäße auf und erscheinen bereits Anfang März, bisweilen sogar früher. Man sieht diesen Strauch, der Sonne wie Halbschatten verträgt, in unseren Gärten leider viel zu selten. Weitere Gehölze sind eine *Magnolia sieboldii* mit duftenden, weißen Blüten und roten Staubgefäßen im Juni/Juli, zwei Scheinhasel *(Corylopsis spicata)*, gelbblühend, drei Pfeifensträucher *(Philadelphus-Hybriden)*, weißblühend und duftend, drei Schmetterlingssträucher (*Buddleja davidii* ›Ile de France‹), dunkelviolett, fünf Fingersträucher (*Potentilla fruticosa* ›Goldfinger‹) mit zitronengelben Blüten den ganzen Sommer über, und eine Japanische Zierkirsche (*Prunus sargentii* ›Accolade‹), bereits vor dem Austrieb in einem Meer rosafarbener, Blüten versinkend.

Insgesamt wurden in diesem Garten weit über 30 Gehölze angepflanzt, dazu kommen noch 8 Exemplare von Schlingknöterich *(Fallopia aubertii)* längs der Grundstücksgrenze und der Hainbuchenhecke. Die Besitzer werden sich also mit einigen Grundbegriffen der Gehölzpflege vertraut machen müssen. So hat sich auch unter Bäumen und Sträuchern das Mulchen, also das Bedecken des Bodens mit organischem Material, als außerordentlich günstig erwiesen. Diese

Für den Bodenbelag wurden die verschiedensten Materialien kombiniert

Decke vermindert die Verdunstung, die Erde bleibt länger feucht, behindert das Aufkommen von Unkraut und ist außerdem eine ständig fließende, milde Nährstoffquelle. Als Material ist alles geeignet, was mit der Zeit ohne Geruchsentwicklung verrottet: Grasschnitt, Rohkompost, Laub und Rindenmulch.

Der Schnitt beschränkt sich bei den meisten Ziersträuchern auf ein Auslichten zu dicht stehender oder abgestorbener Triebe. Daß Frühlingsblüher erst nach der Blüte auszulichten sind, versteht sich von selbst. Lediglich einige später im Jahr blühende Gehölze wie Schmetterlingsstrauch *(Buddleja)*, Hortensie *(Hydrangea)*, Johanniskraut *(Hypericum)* oder Säckelblume *(Ceanothus)* werden im Frühjahr stark eingekürzt, weil sie an den jährlich sich neu bildenden Trieben blühen. Während im Vorgarten des hier beschriebenen Grundstücks nicht zuletzt dank der flächigen Pflanzung von bodendeckenden Rosen auf Stauden verzichtet werden konnte, sind sie im Hauptgarten zwischen den Ziergehölzen reichlich vertreten. Neben niedrigen wie höher wachsenden, ausdauernden Pflanzen stößt man auch hier wieder auf einige Gräser. *Achnatherum calamagrostis,* das prächtige Silberährengras, ist besonders schön zur Zeit der Blüte im Juni, wenn sich die silbrig schimmernden Ähren auf den 60 bis 100 cm hohen Halmen im Wind bewegen. Im Lauf des weiteren Jahres wechselt die Färbung zu Gelb und hält bis in den Winter hinein an. Auch mit Rauhreif überzogen sieht das Silberährengras so schön aus, daß man es keinesfalls schon im Herbst abschneiden sollte. Das ist eine Arbeit für das Frühjahr.

Die Heimat von *Achnatherum calamagrostis* sind die Alpen und das Mittelmeergebiet, wo man dieses Gras sowohl im Bergland als auch auf Magerböden in den Tälern recht häufig findet. Im Garten bildet es schon bald dichte Horste und fällt angenehm auf, da es keine Ausläufer entwickelt. Das Silberfahnengras eignet sich besonders für eine Einzelstellung an warmen, sonnigen Plätzen im Naturgarten, hat seine Wirkung aber auch wie in diesem Reihenhausgarten am Rand eines Staudenbeets oder in unmittelbarer Nähe der Terrasse.

Die Grillstelle; im Vordergrund Meerkohl (Crambe cordifolia) (A)

Gehölze

1.1 Buddleja davidii ›Ile de France‹ 3
1.2 Carpinus betulus 16
1.3 Choenomeles ›Crimson and Gold‹ 5
1.4 Corylopsis spicata 2
1.5 Hibiscus syriacus ›Red Heart‹ 3
1.6 Kerria japonica ›Pleniflora‹ 2
1.7 Magnolia sieboldii 1
1.8 Malus ›Liset‹ 1
1.9 Parrotia persica 1
1.10 Philadelphus ›Virginal‹ 3
1.11 Potentilla fruticosa ›Goldfinger‹ 5
1.12 Prunus sargentii ›Accolade‹ 1
1.13 Spirea x arguta 5
1.14 Taxus cuspidata ›Nana‹ 3
1.15 Viburnum opulus ›Roseum‹ 1

Bodendecker

2.1 Brunnera macrophylla 20
2.2 Hypericum calycinum 55

Kletterpflanzen

3.1 Fallopia aubertii 8

Stauden

4.1 Achillea fillipendulina ›Parker‹ 15
4.2 Achnatherum calamagrostis 4
4.3 Aconitum x arendsii 8
4.4 Alchemilla mollis 10
4.5 Althaea ficifolia 6
4.6 Aruncus dioicus 2
4.7 Aster amellus ›Dr. Otto Petschek‹ 10
4.8 Aster novi-belgii ›Dauerblau‹ 10
4.9 Crambe cordifolia 1
4.10 Delphinium-Hybride ›Jubelruf‹ 7
4.11 Doronicum orientale 10
4.12 Eremurus robustus 12
4.13 Festuca glauca 8
4.14 Hosta fortunei ›Aurea‹ 10
4.15 Lavendula angustifolia ›Grappenhall‹ 20
4.16 Liatris spicata 6

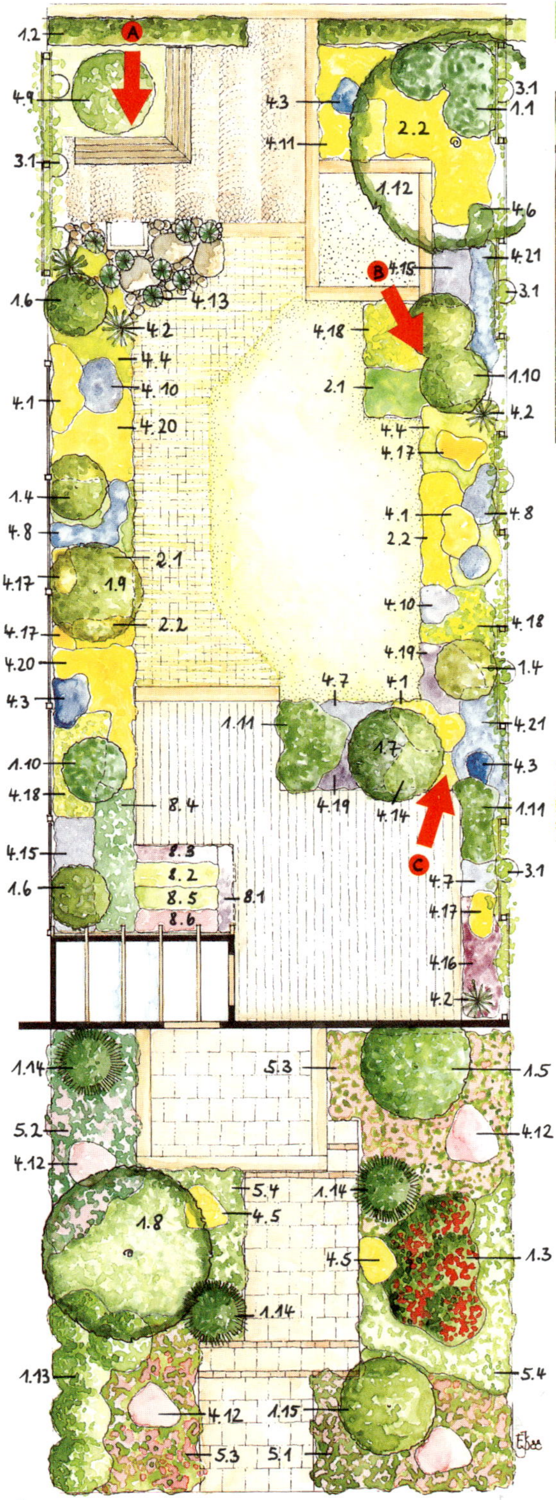

Der rustikale Lattenzaun wird von Knöterich (Fallopia aubertii) bewachsen (B)

Von der Terrasse blickt man auf blühende Salvien, Magnolie, Funkien und Fingersträucher (C)

4.17 Ligularia przewalskii 8
4.18 Lysimachia punctata 45
4.19 Salvia nemorosa ›Mainacht‹ 25
4.20 Rudbeckia sullivantii ›Goldsturm‹ 20
4.21 Veronica longfolia ›Blauriesin‹ 25

Rosen

5.1 Rosa ›Fiona‹ 20
5.2 Rosa ›Heidekind‹ 15
5.3 Rosa ›Rote Max Graf‹ 25
5.4 Rosa ›Swany‹ 30

Kräuter

8.1 Allium schoenoprasum 7
8.2 Levisticum officinale 4
8.3 Melissa officinalis 7
8.4 Origanum vulgare 15
8.5 Sanguisorba minor 4
8.6 Valeriana officinalis 4

Register

Halbfette Seitenzahlen verweisen auf Abbildungen.